齋藤《さいとう》孝《たかし》の覚《おぼ》えておきたい

日《に》本《ほん》人《じん》

齋藤 孝

まえがき

この本《ほん》でいう「覚《おぼ》えておきたい日本人《にほんじん》」ってどんな人《ひと》かわかるかな？

「覚《おぼ》えておきたい」には、「覚《おぼ》えておいてほしい」という思《おも》いもあるんだ。

一言《ひとこと》でいえば「スゴイ人《ひと》」！　だからといって、生《う》まれたときから特別《とくべつ》な人《ひと》だったわけじゃないよ。きみと同《おな》じように、子《こ》どもだった時代《じだい》もあるんだ。

ただ、毎日《まいにち》すごす中《なか》で、「よし！　ここがチャンスだからがんばろう！」と思《おも》って、自分《じぶん》の中《なか》で何《なに》かが変《か》わる瞬間《しゅんかん》があったんじゃないかな。

人生《じんせい》が変《か》わるきっかけになる瞬間《しゅんかん》のことを「ターニングポイント」というんだよ。この本《ほん》では、それぞれの人《ひと》の生涯《しょうがい》を４コママンガで表現《ひょうげん》していて、その中《なか》でも「ターニングポイント」になった出来事《できごと》をクローズアップしているから、ぜひ注目《ちゅうもく》してほしいな。

この本《ほん》で紹介《しょうかい》するのは、日本《にほん》や世界《せかい》に大《おお》きな影響《えいきょう》をあたえた人《ひと》たちだよ。それまでになかったものを発明《はつめい》したり、だれもやらなかったこと、できなかったことを成《な》し遂《と》げた人《ひと》たちなんだ。今《いま》、当《あ》たり前《まえ》のようにあるもの、便利《べんり》に使《つか》っているものを生《う》み出《だ》し、新《あたら》しい道《みち》を切《き》り開《ひら》いた人《ひと》たちだね。

「スゴイ人《ひと》」というのは、地位《ちい》や名誉《めいよ》やお金《かね》がある人《ひと》ではなくて、未来《みらい》の人《ひと》たちのために時代《じだい》を変《か》えた人《ひと》のことをいうんだ！

そんな人《ひと》たちのことを知《し》ると、今《いま》ある当《あ》たり前《まえ》のことに感謝《かんしゃ》できるね。そして、決《けっ》して特別《とくべつ》ではない人《ひと》が努力《どりょく》するすがたを知《し》ると、勇気《ゆうき》がわいてくるよ！

齋藤《さいとう》孝《たかし》の覚《おぼ》えておきたい

日《に》本《ほん》人《じん》

もくじ

『源氏物語《げんじものがたり》』の作者《さくしゃ》！

紫式部《むらさきしきぶ》

作家《さっか》、歌人《かじん》（978?～1016?）

『源氏物語《げんじものがたり》』は、日本初《にほんはつ》の長編小説《ちょうへんしょうせつ》。それを書《か》いたのが紫式部《むらさきしきぶ》だよ。天皇《てんのう》の奥《おく》さんに仕《つか》えるという名誉《めいよ》ある仕事《しごと》をしながら、和歌《わか》をつくり小説《しょうせつ》を書《か》いたんだ。知識《ちしき》と教養《きょうよう》という点《てん》で、当時《とうじ》のトップクラスの女性《じょせい》だったんだね。

天皇家《てんのうけ》に仕《つか》えるなんて、本当《ほんとう》に優秀《ゆうしゅう》な女性《じょせい》だったのね！

何《なに》を食《た》べたら、そんなに頭《あたま》が良《よ》くなるんだろう…

『源氏物語《げんじものがたり》』って、何《なに》がすごいの？

すごく長《なが》い物語《ものがたり》だから…？

宮中《きゅうちゅう》、つまり皇居《こうきょ》を舞台《ぶたい》に、当時《とうじ》の生活《せいかつ》や社会《しゃかい》がいきいきと描《えが》かれているよ。主人公《しゅじんこう》・光源氏《ひかるげんじ》のはなやかな恋愛《れんあい》も平安時代《へいあんじだい》の人々《ひとびと》を魅了《みりょう》したんだね。与謝野晶子《よさのあきこ》や谷崎潤一郎《たにざきじゅんいちろう》が現《げん》代語訳《だいごやく》をしていて、世界《せかい》で翻訳《ほんやく》もされているよ。

千年前《せんねんまえ》の物語《ものがたり》を今《いま》でも読《よ》めるなんて、すごいことだね

そうね。きらびやかな宮廷生活《きゅうていせいかつ》にあこがれちゃうわ～

紫式部《むらさきしきぶ》は小説《しょうせつ》も書《か》いて、和歌《わか》もつくったの？

国語《こくご》が得意《とくい》だったのかな

そうだよ！　『源氏物語《げんじものがたり》』の中《なか》にたくさん出《で》てくる和歌《わか》は、全部《ぜんぶ》つくったんだよ。

百人一首《ひゃくにんいっしゅ》にも、「廻《めぐ》り逢《あ》ひて　見《み》しやそれとも　わかぬまに　雲《くも》がくれにし　夜半《よは》の月《つき》かな」という紫《むらさき》式部《しきぶ》の歌《うた》があるよ！

おさななじみとちょっとしか会《あ》えなかったことを、すぐにかくれてしまう月《つき》に見立《みた》てた歌《うた》ね

ふぅん。だったら、また明日《あした》遊《あそ》べばいいのにね

関《かか》わりの深《ふか》い偉人《いじん》たち

藤原道長《ふじわらのみちなが》（966 ～ 1027）

道長《みちなが》は彰子《しょうし》のお父《とう》さん。四人《よにん》の娘《むすめ》を天皇《てんのう》に嫁《とつ》がせることで権力《けんりょく》を持《も》ったんだ。

娘《むすめ》が産《う》んだ男《おとこ》の子《こ》が天皇《てんのう》になれば、道長《みちなが》は「天皇《てんのう》のおじいちゃん」だからね。

紫式部《むらさきしきぶ》の才能《さいのう》を見《み》こんで彰子《しょうし》に仕《つか》えさせ、『源氏物《げんじもの》語《がたり》』を書《か》くことを支援《しえん》したんだ。

清少納言《せいしょうなごん》（10世紀後期《せいきこうき》～ 11世紀前期《せいきぜんき》）

一条天皇《いちじょうてんのう》には二人《ふたり》の中宮《ちゅうぐう》がいて、紫式部《むらさきしきぶ》は中宮彰《ちゅうぐうしょう》子《し》に仕《つか》え、清少納言《せいしょうなごん》は中宮定子《ちゅうぐうていし》に仕《つか》えたんだ。

清少納言《せいしょうなごん》は、「春《はる》はあけぼの」で知《し》られる『枕草《まくらのそう》子《し》』というエッセーを書《か》いた人《ひと》。

当時《とうじ》の自然《しぜん》やファッションのことなども書《か》いていて、今《いま》でいうブログみたいなものかもしれないね。

文学《ぶんがく》

俳句《はいく》という芸術《げいじゅつ》を確立《かくりつ》！

5・7・5の17文字《もじ》でつくられる俳句《はいく》は、日本《にほん》の伝統的《でんとうてき》な文学《ぶんがく》のひとつ。四季《しき》が豊《ゆた》かな国《くに》で、自然《しぜん》と共《とも》に生《い》きてきた日本人《にほんじん》の心《こころ》を俳句《はいく》という芸術《げいじゅつ》で表現《ひょうげん》したのが松尾《まつお》芭蕉《ばしょう》なんだ。後《のち》に「蕉風《しょうふう》」という独自《どくじ》の作風《さくふう》を確立《かくりつ》したよ。

松尾芭蕉《まつおばしょう》

俳人《はいじん》（1644〜1694）

『おくの細道《ほそみち》』って何《なに》？

すっごーい細《ほそ》くて
暗《くら》い道《みち》ってことかなあ

『おくの細道《ほそみち》』は、「紀行文《きこうぶん》」といって、旅《たび》の様子《ようす》を記録《きろく》したもの。東北《とうほく》から北陸《ほくりく》を旅《たび》して、詠《よ》んだ俳句《はいく》も残《のこ》されているよ。
はじまりは、「月日《つきひ》は百代《はくたい》の過客《かかく》にして、行《ゆ》きかふ《う》年《とし》も又旅人《またたびびと》也《なり》」。「月日《つきひ》（時間《じかん》）も永遠《えいえん》に旅《たび》をする旅人《たびびと》のようなものだ」という意味《いみ》。時間《じかん》を、旅《たび》をし続《つづ》ける自分《じぶん》＝旅人《たびびと》にたとえたんだね。

芭蕉《ばしょう》って何《なに》がすごいの？

お坊《ぼう》さんみたいだから、
えらい人《ひと》ってことかなー

芭蕉《ばしょう》は、当時《とうじ》としては新《あたら》しかった、自然《しぜん》と心《こころ》を一体化《いったいか》するような俳句《はいく》をつくったんだ。
当時《とうじ》の俳諧《はいかい》はおもしろいものが多《おお》かったから、芭蕉《ばしょう》のしみじみとした俳句《はいく》は、多《おお》くの人《ひと》に親《した》しまれたんだね。

ぼくも俳句《はいく》つくったよ！
「今日《きょう》もまた
宿題《しゅくだい》わすれて
立《た》たされた」
それは俳句《はいく》じゃなくて
川柳《せんりゅう》っていうのよ

松尾芭蕉《まつおばしょう》の代表的《だいひょうてき》な作品《さくひん》

閑《しずか》さや岩《いわ》にしみ入《いる》蟬《せみ》の声《こえ》

山形県《やまがたけん》の立石寺《りっしゃくじ》で詠《よ》んだ句《く》。蟬《せみ》がミンミンと鳴《な》く声《こえ》が、そびえ立《た》つ岩《いわ》にスーッと吸《す》いこまれていくくらい、静《しず》かな様子《ようす》を詠《よ》んでいるよ。あまりに静《しず》かで耳《みみ》がキーンとなるような感《かん》じだね。

五月雨《さみだれ》をあつめて早《はや》し最上川《もがみがわ》

山形県《やまがたけん》の最上川《もがみがわ》は、流《なが》れが速《はや》いことで知《し》られている。五月雨《さみだれ》は、旧暦《きゅうれき》5月《がつ》、今《いま》の梅雨《つゆ》の時期《じき》にふり続《つづ》く雨《あめ》のこと。川《かわ》に雨《あめ》がふり続《つづ》き、水量《すいりょう》がふえていきおいよく流《なが》れている様子《ようす》を表現《ひょうげん》しているよ。

古池《ふるいけ》や蛙飛《かわずとび》こむ水《みず》のおと

古《ふる》い池《いけ》を「見《み》て」、カエルが飛《と》びこむ音《おと》を「聞《き》く」。見《み》ることと聞《き》くことが同時《どうじ》に詠《よ》まれているのがおもしろいね。「ぽちゃん」という音《おと》が聞《き》こえるくらい静《しず》かだということがわかるね。

文学《ぶんがく》

明治《めいじ》の国民《こくみん》作家《さっか》！

夏目漱石《なつめそうせき》は、近代日本《きんだいにほん》を代表《だいひょう》する作家《さっか》だよ。漱石《そうせき》は「自己本位《じこほんい》」の大切《たいせつ》さをいったんだ。これは、自分中心《じぶんちゅうしん》とか自分勝手《じぶんかって》という意味《いみ》ではなく、自分《じぶん》の考《かんが》えや思《おも》いからはじめるべし、という意味《いみ》！　勇気《ゆうき》がわいてくるね。

大学卒業後《だいがくそつぎょうご》
今日《きょう》から教師《きょうし》だ
愛媛県松山《えひめけんまつやま》と熊本《くまもと》などで教師《きょうし》になる
その後《ご》イギリスに留学《りゅうがく》
うっ
なんか不安《ふあん》だ…でも勉強《べんきょう》…
神経衰弱《しんけいすいじゃく》に悩《なや》まされながら勉強《べんきょう》を続《つづ》ける
帰国《きこく》して大学《だいがく》の先生《せんせい》になるが小説《しょうせつ》『吾輩《わがはい》は猫《ねこ》である』が大《だい》ヒット
ジャーーン
吾輩は猫である
大学《だいがく》をやめて作家《さっか》になる
坊っちゃん
草枕
それから
そして次々《つぎつぎ》と作品《さくひん》を発表《はっぴょう》

夏目漱石《なつめそうせき》

作家《さっか》、英文学者《えいぶんがくしゃ》
（1867～1916）

先生《せんせい》もできて、小説《しょうせつ》も書《か》くなんて、すごいんだね

小説《しょうせつ》を書《か》くことで心《こころ》が解放《かいほう》されたんだって。頭《あたま》のいい人《ひと》はちがうわね～

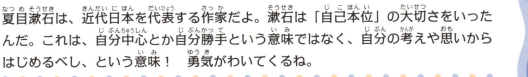

関《かか》わりの深《ふか》い偉人《いじん》たち

森《もり》鷗《おう》外《がい》（1862～1922）

島根県津和野生《しまねけんつわのう》まれ。大学《だいがく》を卒業《そつぎょう》して陸《りく》軍《ぐん》の軍医《ぐんい》になったエリート。医師《いし》としてドイツにも行《い》き、日本《にほん》に帰《かえ》ってきてから小説《しょうせつ》を書《か》いたよ。
『舞姫《まいひめ》』はドイツ時代《じだい》の恋愛《れんあい》がテーマで、鷗外自身《おうがいじしん》が主人公《しゅじんこう》だともいわれているんだ。エリートの鷗外《おうがい》と漱石《そうせき》は立場《たちば》はちがったけれど、たがいに一目置《いちもくお》いていたんだよ。

正《まさ》岡《おか》子《し》規《き》（1867～1902）

俳句《はいく》や短歌《たんか》の改革者《かいかくしゃ》として知《し》られているよ。『柿《かき》くへ《え》ば鐘《かね》が鳴《な》るなり法隆寺《ほうりゅうじ》』が有名《ゆうめい》。
愛媛県松山市《えひめけんまつやまし》に生《う》まれ、その後《ご》、東京《とうきょう》の高校《こうこう》で漱石《そうせき》と仲良《なかよ》くなったんだ。体《からだ》が弱《よわ》かったのに、日清戦争《にっしんせんそう》の従軍記者《じゅうぐんきしゃ》として中国《ちゅうごく》にも行《い》ったんだ。
35歳《さい》で亡《な》くなったけれど、弟子《でし》をたくさん育《そだ》てて、後世《こうせい》に俳句《はいく》や和歌《わか》を伝《つた》えたんだね。

漱石《そうせき》が「国民作家《こくみんさっか》」ってよばれているのはどうしてなの？

お札《さつ》になったからかな…

漱石《そうせき》は“自分《じぶん》とは何《なに》か、人間《にんげん》とは何《なに》か”にとことん向《む》きあって、それを小説《しょうせつ》に書《か》いたんだよ。
昔《むかし》も今《いま》も変《か》わらず、人間《にんげん》が考《かんが》えたり悩《なや》んだり苦《くる》しんだりすることを、小説《しょうせつ》という形《かたち》でみんなが共感《きょうかん》できるように書《か》いたから「国民作家《こくみんさっか》」っていわれるようになったんだね。

ぼくの悩《なや》みは明日《あした》のテストなんだけど、漱石《そうせき》の小説《しょうせつ》にはそれも書《か》いてあるのかな？

小説《しょうせつ》を読《よ》む前《まえ》に、勉強《べんきょう》したら？

小学生《しょうがくせい》でも読《よ》める漱石《そうせき》の小説《しょうせつ》はあるかな？

ぼくも、読《よ》んでみたいなー

もちろんあるよ！　まずおすすめは『坊《ぼ》っちゃん』。愛媛県《えひめけん》の松山《まつやま》が舞台《ぶたい》で、中学《ちゅうがく》の先生《せんせい》になった主人公《しゅじんこう》の「坊《ぼ》っちゃん」が、悪《わる》だくみをする先生《せんせい》たちをこらしめる物語《ものがたり》だよ。
言葉《ことば》がいきいきしているから、声《こえ》に出《だ》して読《よ》んでみよう！
ほかに、猫《ねこ》の目線《めせん》で描《えが》かれる『吾輩《わがはい》は猫《ねこ》である』や、夢《ゆめ》を書《か》いた短編集《たんぺんしゅう》『夢十夜《ゆめじゅうや》』もいいよ。

わたしは猫《ねこ》が好《す》きだから、『吾輩《わがはい》は猫《ねこ》である』を読《よ》んだわ

ええっ?! もう読《よ》んだの？　ぼくはおもしろそうな『坊《ぼ》っちゃん』を読《よ》むぞ！

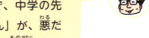

女《じょ》性《せい》の思《おも》いを文《ぶん》学《がく》で表《ひょう》現《げん》！

与《よ》謝《さ》野《の》晶《あき》子《こ》

作家《さっか》、歌人《かじん》（1878～1942）

女性《じょせい》はつつしみ深《ぶか》くひかえめにすべしという時代《じだい》に、生々《なまなま》しい恋愛《れんあい》の歌《うた》をつくった人《ひと》だよ。女性《じょせい》の本当《ほんとう》の気持《きも》ちを表現《ひょうげん》した点《てん》で、画期的《かっきてき》だったんだ。女性解放運動《じょせいかいほううんどう》をしながら平和《へいわ》を願《ねが》う歌《うた》もつくり、一家《いっか》の大黒柱《だいこくばしら》でもあったパワフルな女性《じょせい》だよ。

勉強《べんきょう》もしたい！
シュビビビッ!!
琴《こと》も三味線《しゃみせん》もやりたい！
大人《おとな》になって
鉄幹《てっかん》さんにひとめぼれだわ!! 結婚《けっこん》してたって関係《かんけい》ないわ!!
この気持《きも》ちを歌《うた》にします!!
『みだれ髪《がみ》』の発表《はっぴょう》である
そして鉄幹《てっかん》と結婚《けっこん》
子《こ》どももたくさん生《う》まれたわ
その後《ご》海外《かいがい》に行《い》き、帰国《きこく》後《ご》
パリでの経験《けいけん》から男女平等《だんじょびょうどう》を訴《うった》えるわ
めざせ女性《じょせい》の自立《じりつ》!!

ずいぶん情熱的《じょうねつてき》な女性《じょせい》みたいだねー
たくさんの子《こ》どもを育《そだ》てて仕事《しごと》もバリバリやるなんて、スーパーキャリアウーマンね！

ほかに有名《ゆうめい》な歌《うた》はあるの？

恋愛以外《れんあいいがい》の歌《うた》とか？

戦争《せんそう》に召集《しょうしゅう》された弟《おとうと》のためにつくった、「君死《きみし》にたまふ《もう》ことなかれ（弟《おとうと》よ、死《し》なないでください）」という歌《うた》がよく知《し》られているよ。
弟《おとうと》を思《おも》う気持《きも》ち、平和《へいわ》を願《ねが》う気持《きも》ちがこめられているんだよ。

弟《おとうと》が死《し》んじゃったら
悲《かな》しいもんね…
戦争反対《せんそうはんたい》の歌《うた》を
発表《はっぴょう》するのも勇気《ゆうき》が
いったでしょうね

『みだれ髪《がみ》』ってどんな歌集《かしゅう》なの？

恋愛《れんあい》の歌《うた》だっけ？

とてもセクシーな恋愛《れんあい》の歌《うた》だよ。当時《とうじ》はずいぶん批判《ひはん》されたけれど、「本当《ほんとう》の気持《きも》ちを歌《うた》わないのは歌《うた》ではない」とゆずらなかった。
代表的《だいひょうてき》な歌《うた》は、「やは肌《わはだ》のあつき血汐《ちしお》にふれも見《み》でさびしからずや道《みち》を説《と》く君《きみ》」。「わたしの熱《あつ》い肌《はだ》にさわらず、人生《じんせい》を語《かた》るだけではさびしいでしょ！」という意味《いみ》だよ。

批判《ひはん》されても負《ま》けない
ところがすごいわよね
ぼくだったら、
すぐにやめちゃう
けどなあ…

子《こ》どもが11人《にん》って、すごい大家族《だいかぞく》だね！

今《いま》だったらテレビで
特集《とくしゅう》されちゃうよ

本当《ほんとう》は12人《にん》だったけれど、ひとりは生《う》まれてすぐに亡《な》くなってしまったんだ。
晶子《あきこ》は家計《かけい》をささえるために必死《ひっし》で仕事《しごと》をしたんだ。
作家《さっか》としては『新訳源氏物語《しんやくげんじものがたり》』も出《だ》しているんだよ。

13人家族《にんかぞく》なんて、
うちの3倍《ばい》
以上《いじょう》だよ！
がんばれたのは、
家族《かぞく》への愛《あい》が
深《ふか》かったからじゃ
ないかしら

関《かか》わりの深《ふか》い偉人《いじん》

樋口一葉《ひぐちいちよう》

(1872～1896)

晶子《あきこ》と同時代《どうじだい》の作家《さっか》。
17歳《さい》で父親《ちちおや》が亡《な》くなったあと、一家《いっか》の大黒柱《だいこくばしら》として生活《せいかつ》をささえたんだ。
雑貨屋《ざっかや》をやりながら小説《しょうせつ》を書《か》いていて、代表作《だいひょうさく》の『たけくらべ』を森鷗外《もりおうがい》が絶賛《ぜっさん》し、人気作家《にんきさっか》になったんだよ。

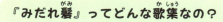

女性《じょせい》の地位《ちい》向上《こうじょう》に貢献《こうけん》！

性《せい》による差別《さべつ》をなくして男女平等《だんじょびょうどう》を主張《しゅちょう》する「フェミニズム」のはしりといわれた人《ひと》。女性《じょせい》の社会的地位《しゃかいてきちい》の向上《こうじょう》と平和運動《へいわうんどう》に努力《どりょく》したんだよ。心中未遂《しんじゅうみすい》といった過激《かげき》なところもあるけれど、男性中心《だんせいちゅうしん》の社会《しゃかい》を変《か》えた人《ひと》だね。

平塚《ひらつか》らいてう《ちょう》

女性解放運動家《じょせいかいほううんどうか》
（1886~1971）

なんか、
波乱万丈《はらんばんじょう》の人生《じんせい》だね…

自立《じりつ》した女性《じょせい》になる！
っていうところは
一貫《いっかん》してるわよね

らいてう《ちょう》は、何《なに》がすごいの？

強《つよ》そうな女性《じょせい》って感《かん》じはするけど…

当時《とうじ》、女性《じょせい》は男性《だんせい》よりも地位《ちい》が低《ひく》くて、選挙《せんきょ》に参加《さんか》する参政権《さんせいけん》もなかったんだ。今《いま》は男女平等《だんじょびょうどう》が当《あ》たり前《まえ》だけど、それはらいてう《ちょう》の活動《かつどう》があったからなんだね。どんなに批判《ひはん》されても信念《しんねん》をつらぬく強《つよ》さがすごいよね。

うちはお父《とう》さんよりお母《かあ》さんの方《ほう》がえらい感《かん》じがするけど…

うん…、たしかにそうね

『青鞜《せいとう》』ってどんな雑誌《ざっし》だったの？

グルメ情報《じょうほう》とかないのかなー

「元始女性《げんしじょせい》は太陽《たいよう》であった」と、創刊号《そうかんごう》にらいてう《ちょう》が書《か》いたんだよ。夜《よる》にのぼる月《つき》と対比的《たいひてき》に、女性《じょせい》は「昼間《ひるま》にのぼる太陽《たいよう》だ！」という気持《きも》ちだったんだね。

社会《しゃかい》に押《お》さえつけられていた女性《じょせい》を解放《かいほう》する言葉《ことば》ね！

やっぱり女性《じょせい》は強《つよ》いなあ

関《かか》わりの深《ふか》い偉人《いじん》たち

伊藤野枝《いとうのえ》（1895〜1923）

「青鞜社《せいとうしゃ》」に入《はい》り、らいてう《ちょう》から『青鞜《せいとう》』を引《ひ》き継《つ》いだ活動家《かつどうか》。結婚制度《けっこんせいど》を否定《ひてい》し、不倫《ふりん》するなど奔放《ほんぽう》な女性《じょせい》で、恋愛関係《れんあいかんけい》にあった無政府主義者《むせいふしゅぎしゃ》の大杉栄《おおすぎさかえ》と、政府《せいふ》の役人《やくにん》に連《つ》れ去《さ》られて殺《ころ》されてしまった。

いわさきちひろ（1918〜1974）

やさしい水彩画《すいさいが》で知《し》られるちひろは、らいてう《ちょう》とともに「新日本婦人《しんにほんふじん》の会《かい》」という、女性《じょせい》の団体《だんたい》を結成《けっせい》。戦争《せんそう》を体験《たいけん》したちひろは、子《こ》どもの幸《しあわ》せと平和《へいわ》を願《ねが》って絵《え》や絵本《えほん》を描《えが》き続《つづ》けたんだね。

自然《しぜん》を愛《あい》する童話《どうわ》作家《さっか》!

宮《みや》沢《ざわ》賢《けん》治《じ》

詩人《しじん》、童話作家《どうわさっか》
(1896~1933)

鉱物《こうぶつ》が好《す》きで、農業学校《のうぎょうがっこう》の先生《せんせい》をしていた宮沢賢治《みやざわけんじ》。その知識《ちしき》を活《い》かし、また、想像《そうぞう》力《りょく》をふくらませて、自然《しぜん》と人《ひと》との交流《こうりゅう》や宇宙《うちゅう》をテーマにした童話《どうわ》をたくさん書《か》いたんだ。弱《よわ》い者《もの》や小《ちい》さい者《もの》にやさしい賢治《けんじ》の童話《どうわ》は、時代《じだい》をこえて読《よ》み継《つ》がれているよ。

あんなにたくさん童話《どうわ》を書《か》いたのに、生前《せいぜん》に出版《しゅっぱん》したのは2冊《さつ》だけなのね!

天才《てんさい》は、世間《せけん》に認《みと》められるまでに時間《じかん》がかかるものなんだよ。ぼくみたいにね!

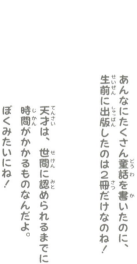

宮沢賢治《みやざわけんじ》の代表的《だいひょうてき》な作品《さくひん》

『銀河鉄道《ぎんがてつどう》の夜《よる》』

主人公《しゅじんこう》のジョバンニが、友《とも》だちのカムパネルラと銀河鉄道《ぎんがてつどう》の旅《たび》に出《で》る話《はなし》。旅《たび》を通《とお》して、ジョバンニは「みんなのほんとうのさいはい（本当《ほんとう》の幸《さいわ》い）」のために生《い》きていこうと思《おも》うようになるんだよ。

『風《かぜ》の又三郎《またさぶろう》』

谷川《たにがわ》の岸《きし》にある小《ち》いさな小学校《しょうがっこう》に、高田三郎《たかだ さぶろう》というちょっと変《か》わった少年《しょうねん》が転校《てんこう》してくる。みんなは三郎《さぶろう》のことを、風《かぜ》の神様《かみさま》の子《こ》である「風《かぜ》の又三郎《またさぶろう》」ではないかと思《おも》うんだ。
「どっどど　どどうど　どどうど　どどう」という風《かぜ》の表現《ひょうげん》は賢治《けんじ》独特《どくとく》のもの。みんなは三郎《さぶろう》に翻弄《ほんろう》されるけど、三郎《さぶろう》は10日《とおか》ほどでまた転校《てんこう》してしまうんだよ。

『雨《あめ》ニモマケズ』

賢治《けんじ》が亡《な》くなったあと、メモとして発見《はっけん》された詩《し》。「雨《あめ》ニモマケズ　風《かぜ》ニモマケズ」ではじまり、「サウイフモノニ　ワタシハナリタイ」で終《お》わるよ。
ぜいたくをせず、こまった人《ひと》がいれば力《ちから》をかし、ほめられることもなく、かといって苦《く》にもされない、そういう人《ひと》になりたいといっているんだ。多《おお》くを望《のぞ》まず、人《ひと》のために生《い》きたいという賢治《けんじ》の思《おも》いが表《あらわ》れているね。

作家《さっか》なのに農業《のうぎょう》の先生《せんせい》だったの？

体《からだ》が弱《よわ》いのに
たいへんだねー

先生《せんせい》をやめたあと、自分《じぶん》も農業《のうぎょう》をして生活《せいかつ》するようになった賢治《けんじ》は、「羅須地人協会《らすちじんきょうかい》」という農《のう》業《ぎょう》の塾《じゅく》をはじめたんだ。
昼間《ひるま》は農業《のうぎょう》、夜《よる》は農民《のうみん》たちに講義《こうぎ》をしたんだよ。
授業《じゅぎょう》のテキストには、「世界《せかい》がぜんたい幸福《こうふく》にならないうちは個人《こじん》の幸福《こうふく》はあり得《え》ない」という言葉《ことば》があって、これは賢治《けんじ》の人生観《じんせいかん》ともいえるものなんだね。

妹《いもうと》のトシが亡《な》くなったときにつくった『永訣《えいけつ》の朝《あさ》』ってどんなもの？

詩《し》だっていうことは
知《し》ってるんだけど

トシは、賢治《けんじ》の最大《さいだい》の理解者《りかいしゃ》だったんだ。だから、トシが24歳《さい》で亡《な》くなったことは大《おお》きな悲《かな》しみだったんだね。「永訣《えいけつ》」は永遠《えいえん》の別《わか》れのこと。
「けふ《きょう》のうちに　とほ《お》くへいってしまふ《う》　わたくしのいもうとよ」ではじまるよ。
とても美《うつく》しい詩《し》だから、声《こえ》に出《だ》して読《よ》んでみよう。

妹思《いもうとおも》いの賢治《けんじ》、いいお兄《にい》ちゃんね
賢治《けんじ》も、妹《いもうと》であり理解者《りかいしゃ》でもあるトシがいなくなったら、つらいよね

弱《よわ》い者《もの》によりそう作家《さっか》！

26歳《さい》で亡《な》くなった金子《かねこ》みすゞ《ず》が、詩人《しじん》として活躍《かつやく》したのはほんのわずかな期間《きかん》。それでも、たくさんの詩《し》をつくったんだよ。みすゞ《ず》自身《じしん》はあまり幸《しあわ》せな人生《じんせい》ではなかったけれど、だからこそ弱《よわ》い者《もの》に心《こころ》をよせる作品《さくひん》が生《う》まれたんだね。

金子《かねこ》みすゞ《ず》

童謡詩人《どうようしじん》（1903～1930）

関《かか》わりの深《ふか》い偉人《いじん》たち

西條八十《さいじょうやそ》（1892～1970）

子《こ》どものための雑誌《ざっし》『赤《あか》い鳥《とり》』に多《おお》くの童謡《どうよう》を発表《はっぴょう》した人《ひと》。みすゞ《ず》の才能《さいのう》をいち早《はや》く見《み》いだした人《ひと》でもあるんだ。歌謡曲《かようきょく》の作詞《さくし》もしていて、昭和《しょうわ》にはやった『青《あお》い山脈《さんみゃく》』や『蘇州夜曲《そしゅうやきょく》』も八十《やそ》の詩《し》なんだよ。

北原白秋《きたはらはくしゅう》（1885～1942）

有名《ゆうめい》な詩人《しじん》で童謡《どうよう》もたくさんつくったんだ。
「あめあめ　ふれふれ　かあさんが
じゃのめで　おむかい　うれしいな」ではじまる『あめふり』も白秋《はくしゅう》の作詞《さくし》だよ。

みすゞ《ず》の詩《し》は、教科書《きょうかしょ》でも見《み》たことある！

朗読《ろうどく》したことあるよ

『わたしと小鳥《ことり》とすずと』の「みんなちがって、みんないい」は有名《ゆうめい》だね。音楽《おんがく》をつけて歌《うた》にもなっているよ。
「『遊《あす》ぼう』っていうと　『遊《あす》ぼう』っていう。
『ばか』っていうと　『ばか』っていう……」
ではじまる『こだまでしょうか』という詩《し》は、テレビのコマーシャルでもやっていたね。

こういう詩《し》をつくる人《ひと》は、
やさしい人《ひと》にちがいないわ
そうだよ、
だから旦那《だんな》さんが
ゆるせないんだよ！

みすゞ《ず》の詩《し》のどんなところがいいの？

ひらがながいっぱいなところとか？

『大漁《たいりょう》』という詩《し》では、イワシに心《こころ》をよせているんだ。イワシは漢字《かんじ》で「鰯《いわし》」と書《か》くくらい、小《ちい》さくて弱《よわ》い魚《さかな》だよね。『積《つ》もった雪《ゆき》』という詩《し》では、雪《ゆき》そのものの気持《きも》ちをうたっているよ。弱《よわ》いものや人《ひと》が気《き》にとめないものに心《こころ》をよせるのが、みすゞ《ず》の詩《し》の特徴《とくちょう》なんだね。読《よ》むとやさしい気持《きも》ちになるよ。

イワシや雪《ゆき》の気持《きも》ちなんて、
考《かんが》えたこと
なかったよー
どんなものにも
心《こころ》があるということなのね

コラム

アイデア満載《まんさい》！　日本《にほん》から世界《せかい》へ

国土《こくど》に多《おお》くの資源《しげん》を持《も》たない日本《にほん》では、アイデアやアレンジで画期的《かっきてき》なものづくりをしてきたんだ。日本発祥《にほんはっしょう》で世界《せかい》に広《ひろ》まったものは、みんなの身近《みぢか》なところにもたくさんあるよ。

【カップめん】

手軽《てがる》でおいしくて大好《だいす》き!!
ズルル
まだ3分《ぷん》たってないわよ…

カップにお湯《ゆ》を注《そそ》ぐだけでできるカップめん。みんなも一度《いちど》は食《た》べたことがあるよね。これが日本《にほん》で誕生《たんじょう》したのは1971年《ねん》。ちょうど、マクドナルドの第一号店《だいいちごうてん》が日本《にほん》に開店《かいてん》した年《とし》と同《おな》じなんだよ。

カップめんを開発《かいはつ》したのは**日清食品**《にっしんしょくひん》創業者《そうぎょうしゃ》の**安藤百福**《あんどうももふく》。**インスタントラーメン**を世界《せかい》に広《ひろ》めようとアメリカに行《い》ったときのこと。アメリカの人《ひと》にインスタントラーメンをわたしたら、めんを半分《はんぶん》に割《わ》って**カップ**に入《い》れ、お湯《ゆ》を注《そそ》いで**フォーク**で食《た》べたんだそう。器《うつわ》と箸《はし》がなかったからなんだ。これがヒントになって「**カップヌードル**」が誕生《たんじょう》したんだ。

フォークだと歩《ある》きながらでも食《た》べられるし、カップに入《はい》っていれば器《うつわ》もいらない。器《うつわ》ごと商品《しょうひん》にしたのがすごい発明《はつめい》だったんだ！

今《いま》では、世界中《せかいじゅう》で食《た》べられているよ。
災害時《さいがいじ》の**非常食**《ひじょうしょく》や**宇宙食**《うちゅうしょく》としても活用《かつよう》されているんだから、カップめんは世界《せかい》を変《か》えたといってもいいくらいだね。

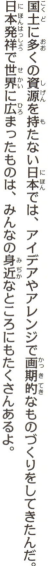

【ウォークマン】

動《うご》きながら、歩《ある》きながら音楽《おんがく》を楽《たの》しむ、というコンセプトが新《あたら》しかったんだね。今《いま》、イヤフォンで音楽《おんがく》をききながら歩《ある》いている人《ひと》が多《おお》いけれど、スタートはこのウォークマンだったんだよ。

「音楽《おんがく》は室内《しつない》できくもの」とされていたのを、「街《まち》できけるもの」に変《か》えたのがウォークマン。
「録音《ろくおん》はできず、再生《さいせい》だけ（つまり、**きくだけ**）の小型《こがた》ステレオなんて売《う》れるはずがない！」といわれていたけれど、若者《わかもの》と音楽《おんがく》をつなぐ役割《やくわり》を果《は》たすものと信《しん》じて、**ソニー**が開発《かいはつ》を進《すす》めたんだ。
日本《にほん》よりも先《さき》にアメリカで人気《にんき》が出《で》て、それが日本《にほん》にも伝《つた》わって、しだいに世界《せかい》中《じゅう》に広《ひろ》まったんだよ。

【ウォシュレット】

発売当時《はつばいとうじ》、「お尻《しり》だって、洗《あら》ってほしい」というコマーシャルがテレビで流《なが》れて、みんなに知《し》られるようになったんだ。「洗《あら》える」ということで、トイレのイメージもずいぶん変《か》わったんだよ。

1980年《ねん》にTOTO《トートー》が発売《はつばい》したのが、温水《おんすい》洗浄便座《せんじょうべんざ》**「ウォシュレット」**。
たいへんだったのは、お湯《ゆ》をお尻《しり》に当《あ》てる角度《かくど》を決《き》めること。体格《たいかく》はひとりひとりちがうから、すわったときのお尻《しり》の位置《いち》がみんなちがう。300人《にん》くらいの社員《しゃいん》たちに実際《じっさい》にすわってもらって、位置《いち》や角度《かくど》を研究《けんきゅう》したんだ。
必死《ひっし》に研究《けんきゅう》した結果《けっか》、お湯《ゆ》の温度《おんど》は38℃《ど》、角度《かくど》は43度《ど》と決《き》まり、わずか１年半《ねんはん》で商品化《しょうひんか》できたんだ。

【回転寿司《かいてんずし》】

お寿司《すし》はもともと江戸時代《えどじだい》のファストフード。時代《じだい》が進《すす》むにつれて高級《こうきゅう》な食事《しょくじ》になったのを、ふたたびだれもが**気軽《きがる》に食《た》べられるもの**にしようと思《おも》ったのが、大阪《おおさか》の**元禄産業《げんろくさんぎょう》**の創設者《そうせつしゃ》・**白石義明《しらいしよしあき》**。
白石《しらいし》は、ビール工場《こうじょう》でビールが**ベルトコンベヤー**にのって運《はこ》ばれてくるのを見《み》て、「これや！」とひらめいたんだ。
回転寿司《かいてんずし》は、1970（昭和《しょうわ》45）年《ねん》の大阪《おおさか》万国博覧会《ばんこくはくらんかい》で全国《ぜんこく》に知《し》られるようになったんだよ。

人《ひと》が運《はこ》ぶ手間《てま》をなくして価格《かかく》を下《さ》げたことと、食《た》べる人《ひと》に楽《たの》しさを提供《ていきょう》するというのが、回転寿司《かいてんずし》の最大《さいだい》の魅力《みりょく》。
今《いま》や外国《がいこく》の人《ひと》にも大人気《だいにんき》だね！

【カラオケ】

カラオケの「カラ」は**「空《から》」**、「オケ」は**「オーケストラ」**。
1960年代《ねんだい》には、ジュークボックス（お金《かね》を入《い》れて音楽《おんがく》をきく機械《きかい》）にマイクがついたものや伴奏《ばんそう》だけの音楽《おんがく》があったんだけれど、それらをひとつにしてカラオケの装置《そうち》がつくられたのが1971年《ねん》といわれているんだ。
1985年《ねん》に、岡山県《おかやまけん》で**船舶用《せんぱくよう》のコンテナ**を改造《かいぞう》して設置《せっち》した**「カラオケボックス」**が登場《とうじょう》して、カラオケ人気《にんき》はさらに高《たか》まったんだよ。

昔《むかし》は、大人《おとな》がお酒《さけ》を飲《の》みながら歌《うた》うのがカラオケだったけれど、カラオケボックスができてから、子《こ》どもから大人《おとな》まで、みんなで楽《たの》しむ娯楽《ごらく》になったんだね。

【自動改札《じどうかいさつ》】

自動改札《じどうかいさつ》が誕生《たんじょう》したのは1967年《ねん》、大阪《おおさか》の北千里駅《きたせんりえき》に設置《せっち》されたのが第一号機《だいいちごうき》なんだ。
この技術《ぎじゅつ》は、銀行《ぎんこう》のＡＴＭ《エーティーエム》などにも活《い》かされているんだよ。

昭和《しょうわ》30年代《ねんだい》（1955年《ねん》～)、都会《とかい》に人口《じんこう》が集中《しゅうちゅう》して鉄道《てつどう》の混雑《こんざつ》が問題《もんだい》になっていたんだ。当時《とうじ》は駅員《えきいん》さんが専用《せんよう》の改札《かいさつ》ばさみでキップを切《き》っていたんだよ。
そこで、自動《じどう》で改札《かいさつ》を通《とお》れる機械《きかい》の開発《かいはつ》がはじまったんだね。
大人《おとな》と子《こ》どもの区別《くべつ》、人《ひと》と荷物《にもつ》の区別《くべつ》、不正《ふせい》な切符《きっぷ》の区別《くべつ》、そしてひとりあたり何秒《なんびょう》で通過《つうか》するかなど、たくさんの**情報《じょうほう》を瞬時《しゅんじ》に仕分《しわ》ける**システムを、６年《ねん》かかってつくりあげたんだよ。

【ＱＲ《キューアール》コード】

ＱＲ《キューアール》の由来《ゆらい》は「クイック・レスポンス（速《はや》い回答《かいとう》）」。
今《いま》では、食品《しょくひん》や薬品《やくひん》、電子《でんし》チケットや空港《くうこう》の発券《はっけん》システムなどでも使《つか》われているね。

スーパーのレジで「ピッ」と読《よ》み取《と》って会計《かいけい》するバーコード。でも、バーコードで読《よ》み取《と》れる情報量《じょうほうりょう》は、英数字《えいすうじ》で20文字《もじ》くらい。それを、数字《すうじ》で約《やく》7000文字《もじ》、漢字《かんじ》も表現《ひょうげん》できるようにしたのがＱＲ《キューアール》コードだよ。
開発《かいはつ》チームは、チラシや雑誌《ざっし》、段《だん》ボールなどに印刷《いんさつ》されている文字《もじ》や絵《え》を数《かぞ》えきれないほど調《しら》べたんだって。
特許《とっきょ》は取《と》ったけれど、多《おお》くの人《ひと》に使《つか》ってもらえるように、**使用《しよう》の権利《けんり》はフリー**にしたんだよ。

障《しょう》がいを乗《の》りこえた！

塙《はなわ》保《ほ》己《き》一《いち》

国学者《こくがくしゃ》

（1746〜1821）

目《め》が見《み》えないというハンデを持《も》っていた塙保己一《はなわほきいち》は、全国《ぜんこく》の貴重《きちょう》な本《ほん》や資料《しりょう》を探《さが》し、それらを『群書類従《ぐんしょるいじゅう》』という全集《ぜんしゅう》にまとめたんだ。学《まな》ぶことの大切《たいせつ》さを実感《じっかん》していたから、あとの人《ひと》たちが学《まな》びやすいようにと力《ちから》をつくしたんだね。

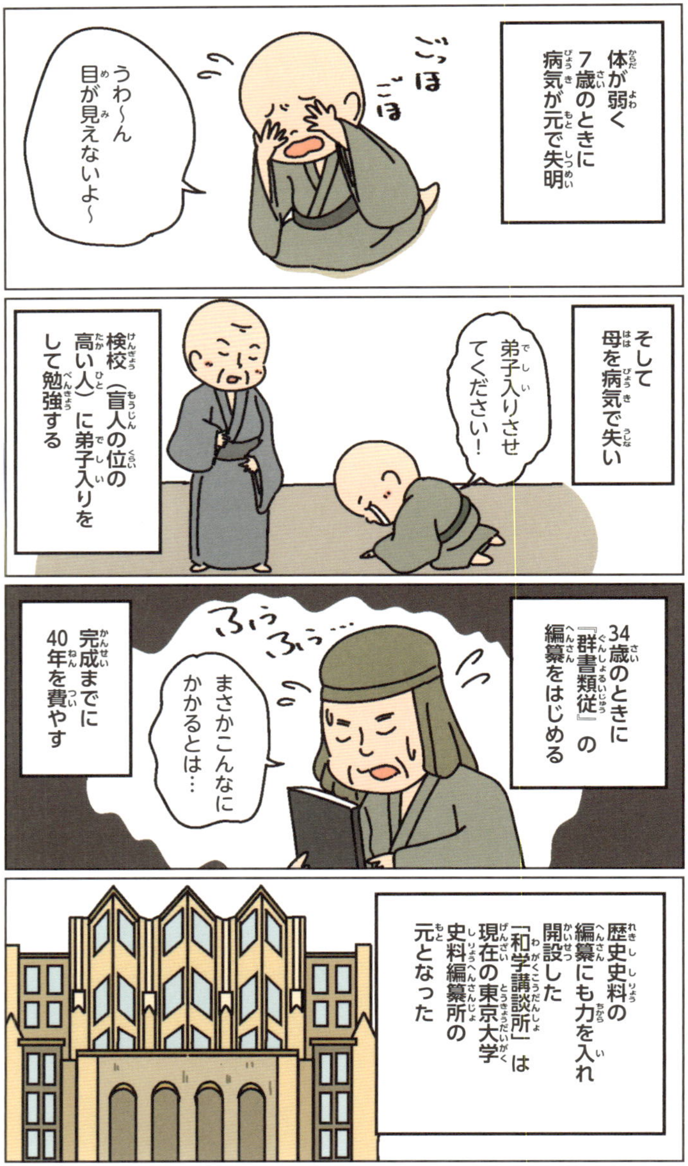

学問《がくもん》をして、りっぱな人間《にんげん》になりたいっていう思《おも》いが強《つよ》かったのね
そっかあ。目《め》が見《み》えなくても、一生懸命《いっしょうけんめい》がんばったんだね

目《め》が見《み》えないのにどうやって勉強《べんきょう》したの？

本《ほん》とか読《よ》めないよね…

保己一《ほきいち》は目《め》が見《み》えないぶん、一度《いちど》聞《き》いたことは絶対《ぜったい》にわすれないくらい記憶力《きおくりょく》がよかったみたいだね。だから、人《ひと》に読《よ》みあげてもらった内容《ないよう》を、全部暗記《ぜんぶあんき》していったんだ。そうやって勉強《べんきょう》していたんだね。

ひぇ～っ！
本《ほん》を全部《ぜんぶ》覚《おぼ》えるなんて!!
ぼくなんか、
かけ算《ざん》の九九《くく》を
覚《おぼ》えるのも苦労《くろう》したのに

わが兄《あに》ながら、
この先《さき》が
心配《しんぱい》だわ…

『群書類従《ぐんしょるいじゅう》』ってどんなもの？

40年《ねん》かかって完成《かんせい》するって、
大作《たいさく》だよね

昔《むかし》は、貴重《きちょう》な本《ほん》や資料《しりょう》が図書館《としょかん》にまとまっていたわけではなく、全国《ぜんこく》に散《ち》らばっていたんだ。すると、火事《かじ》などで焼《や》けてしまったり、なくなったりするものもあった。
あとの人《ひと》たちが学《まな》ぶ助《たす》けになるようにと、全《ぜん》国《こく》に本《ほん》を探《さが》しに行《い》き、内容《ないよう》を記憶《きおく》して整理《せいり》していったんだ。全部《ぜんぶ》で666冊《さつ》、今《いま》は国《くに》の重要《じゅうよう》文化財《ぶんかざい》になっているよ。

関《かか》わりの深《ふか》い偉人《いじん》

ヘレン・ケラー

(1880～1968)

子《こ》どものころ、病気《びょうき》で視覚《しかく》と聴覚《ちょうかく》を失《うしな》い、見《み》えない・聞《き》こえない・話《はな》せないの三重苦《さんじゅうく》を負《お》ったんだ。
ヘレンは、母親《ははおや》から「塙先生《はなわせんせい》のことをお手本《てほん》にしなさい」とはげまされていて、日本《にほん》に来《き》たときに保己一《ほきいち》の像《ぞう》にふれることができて感激《かんげき》したそうだよ。
社会福祉活動家《しゃかいふくしかつどうか》として3回《かい》も来日《らいにち》していて、日本《にほん》に身体障害者福祉法《しんたいしょうがいしゃふくしほう》ができるきっかけにもなったんだ。

保己一《ほきいち》の
努力《どりょく》を知《し》ったら、
ちゃんと勉強《べんきょう》しなきゃって
思《おも》うようになったよ…

こういう努力《どりょく》があって、
今《いま》のわたしたちが
勉強《べんきょう》したり、いろんな
研究《けんきゅう》ができたり
するのね

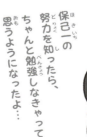

学《まな》ぶことの意味《いみ》を説《と》いた！

世界《せかい》の中《なか》で日本《にほん》がどういう国《くに》としてあるべきか、また、日本人《にほんじん》はどうあるべきかを考《かんが》えた人《ひと》。それを、人々《ひとびと》にわかりやすい文章《ぶんしょう》でつづったのが『学問《がくもん》のすゝ《す》め』だよ。福沢諭吉《ふくざわゆきち》は、学《まな》ぶこと、自分《じぶん》で考《かんが》えることの大切《たいせつ》さを説《と》いているよ。

ここが長崎《ながさき》かー よーし オランダ語《ご》を 学《まな》ぶぞー
福沢諭吉《ふくざわゆきち》19歳《さい》
その後《ご》 大阪《おおさか》で学《まな》ぶ
そして咸臨丸《かんりんまる》に 乗《の》って アメリカへ
咸臨丸
その後《ご》も 幕府《ばくふ》の使節団《しせつだん》として 欧米《おうべい》を視察《しさつ》
33歳《さい》で 慶應義塾《けいおうぎじゅく》を設立《せつりつ》
学校《がっこう》の運営《うんえい》を はじめるぞ
37歳《さい》
出版《しゅっぱん》した 『学問《がくもん》のすゝ《す》め』が 大《だい》ヒットだ！
学問のすゝめ

福沢《ふくざわ》諭吉《ゆきち》

教育者《きょういくしゃ》

（1834〜1901）

当時《とうじ》、海外経験《かいがいけいけん》は貴重《きちょう》だったのね。だから、世界《せかい》の中《なか》で日本《にほん》がどうあるべきかを考《かんが》えたんだわ
諭吉《ゆきち》は、海外《かいがい》でお土産《みやげ》とか買《か》ったのかなー
そんなヒマないでしょ

海外《かいがい》に行《い》ったことは、どんなふうに役《やく》に立《た》ったの？

英語《えいご》がもっとうまく
なったとか？

西洋《せいよう》の文化《ぶんか》を知《し》った諭吉《ゆきち》は、日本《にほん》が世《せ》界《かい》の国《くに》とつきあうためにはどうすべきかを考《かんが》えたんだ。
外国《がいこく》から攻《せ》められたりしないように、日本《にほん》はしっかりと国《くに》としての考《かんが》えを持《も》って「独立《どくりつ》」し、対等《たいとう》につきあうことが大事《だいじ》だといっていたんだよ。

日本《にほん》は小《ちい》さな
島国《しまぐに》だからね。
自分《じぶん》たちでしっかり
守《まも》らないと
いけないんだね

そのためには、
国民《こくみん》が学問《がくもん》をする
ことが大切《たいせつ》だって
思《おも》ったのね

諭吉《ゆきち》ってどんな人《ひと》？

頭《あたま》がいいし、
こわい人《ひと》なのかな…

とても明《あか》るい人《ひと》だったんだよ。自分《じぶん》でも「子《こ》どもながらも精神《せいしん》は誠《まこと》にカラリとしたものでした」といっているしね。
文章《ぶんしょう》も軽《かろ》やかでユーモアがあって、でもダメなものはダメとハッキリいう。サッパリとして筋《すじ》の通《とお》った人《ひと》だったんだよ。

『学問《がくもん》のすゝ《す》め』ってどんな内容《ないよう》？

「勉強《べんきょう》しなさい！」とか
だったら読《よ》みたくないなあ

学問《がくもん》をすると、自分《じぶん》の意識《いしき》がはっきりとしてくるんだ。そうすれば、前向《まえむ》きに働《はたら》くこともできるし、幸《しあわ》せに生活《せいかつ》することもできる。すべての人《ひと》に学《まな》ぶ必要《ひつよう》があるという、「国民皆学《こくみんかいがく》」の考《かんが》え方《かた》を示《しめ》したんだ。この中《なか》の代表的《だいひょうてき》な言葉《ことば》は、「『天《てん》は人《ひと》の上《うえ》に人《ひと》を造《つく》らず、人《ひと》の下《した》に人《ひと》を造《つく》らず』といへ《え》り」。
人《ひと》はみんな平等《びょうどう》で、差別《さべつ》をしてはいけない。みんなが同《おな》じスタート地点《ちてん》に立《た》って、努力《どりょく》した人《ひと》が認《みと》められる社会《しゃかい》でなくてはならない。やさしい文章《ぶんしょう》でそう伝《つた》えたんだ。

ちゃんと考《かんが》える
力《ちから》がないと、
悪《わる》いヤツに
だまされたり
しちゃうもんね

そうそう！
だから学《まな》ぶことが
大切《たいせつ》なのね。
お兄《にい》ちゃん、たまには
いいこというわね！

日本《にほん》初《はつ》の女性《じょせい》医師《いし》！

荻野吟子《おぎのぎんこ》

医師《いし》
(1851～1913)

男性《だんせい》が医師《いし》になるのが当《あ》たり前《まえ》だった時代《じだい》に、国家資格《こっかしかく》を持《も》つ初《はつ》の女性医師《じょせいいし》になったのが荻野吟子《おぎのぎんこ》。女性《じょせい》が医学《いがく》の勉強《べんきょう》をすることすら認《みと》められなかったときに、目標《もくひょう》をあきらめず努力《どりょく》を続《つづ》けたことで、制度《せいど》が変《か》わり、社会《しゃかい》が変《か》わったんだ。

学校《がっこう》に入《はい》ってからも、男子《だんし》ばかりでたいへんだったんじゃない？

女子同士《じょしどうし》のおしゃべりとかできないよねー

医学《いがく》を勉強《べんきょう》する学校《がっこう》は「女人禁制《にょにんきんせい》」といって、男子《だんし》しか入《はい》れなかったんだ。
たのみにたのんでようやく入《はい》れた学校《がっこう》が「好寿院《こうじゅいん》」というんだけれど、吟子《ぎんこ》は袴《はかま》をはいて高下駄《たかげた》をはき、男子《だんし》と同《おな》じ格好《かっこう》をして通《かよ》っていたんだよ。

女性《じょせい》と思《おも》われないようにっていうことなのかなあ

そこまでして勉強《べんきょう》をするなんて、本当《ほんとう》に意志《いし》が強《つよ》い人《ひと》だったのね。尊敬《そんけい》しちゃう！

たいへんだから、やめたいと思《おも》うことはなかったのかな？

ぼくならそんなにがんばれないよー

自分《じぶん》が女性《じょせい》としてつらい目《め》にあったことで、同《おな》じ思《おも》いをほかの女性《じょせい》たちにしてほしくない、そのためには自分《じぶん》ががんばらないと！　と思《おも》ったんだね。
今《いま》では女性《じょせい》のお医者《いしゃ》さんがたくさんいるけれど、それは吟子《ぎんこ》がいたからこそ。どんなことでも、はじめて成《な》し遂《と》げた人《ひと》は尊《とうと》いよね。

関《かか》わりの深《ふか》い偉人《いじん》

野口英世《のぐちひでよ》（1876～1928）

福島県《ふくしまけん》の猪苗代町《いなわしろまち》で生《う》まれ育《そだ》った英世《ひでよ》は、１歳《さい》のときに左手《ひだりて》に大《おお》やけどを負《お》ってしまった。その手《て》を手術《しゅじゅつ》してもらったことで医学《いがく》を目指《めざ》し、アメリカで細菌学《さいきんがく》の研究《けんきゅう》を続《つづ》けたんだ。
３回《かい》もノーベル賞《しょう》の候補《こうほ》になったよ。
黄熱病《おうねつびょう》の研究中《けんきゅうちゅう》、自分《じぶん》も病気《びょうき》にかかって51歳《さい》で亡《な》くなってしまったんだ。

3回《かい》もノーベル賞《しょう》の候補《こうほ》になるなんて、野口英世《のぐちひでよ》ってすごい！ ぼくなんて一度《いちど》もないよ

…当《あ》たり前《まえ》でしょ。それだけ世界《せかい》に貢献《こうけん》する研究《けんきゅう》だったってことよ

伝染病《でんせんびょう》の治療法《ちりょうほう》を発見《はっけん》！

北里柴三郎《きたさとしばさぶろう》

医学者《いがくしゃ》、細菌学者《さいきんがくしゃ》（１８５２～１９３１）

死《し》にいたることもあった破傷風《はしょうふう》の菌《きん》を見《み》つけ、治療法《ちりょうほう》を確立《かくりつ》した人《ひと》。世界《せかい》で１億人《おくにん》以上《いじょう》の人《ひと》が亡《な》くなったペスト菌《きん》を発見《はっけん》したのも北里柴三郎《きたさとしばさぶろう》なんだ。研究《けんきゅう》によって同時代《どうじだい》の人《ひと》たちを救《すく》い、また、未来《みらい》のわたしたちも救《すく》ってくれたんだよ。

東京医学校《とうきょういがっこう》（今《いま》の東大医学部《とうだいいがくぶ》）から内務省《ないむしょう》（中央官庁《ちゅうおうかんちょう》）に入《はい》る
東京医学校
内務省
ドイツに留学《りゅうがく》し破傷風菌《はしょうふうきん》の予防《よぼう》・治療法《ちりょうほう》を確立《かくりつ》
やりました！コッホ先生《せんせい》！
うむ
ローベルト・コッホ
そして日本初《にほんはつ》の私立伝染病研究所《しりつでんせんびょうけんきゅうじょ》の所長《しょちょう》になる
これは…！
ペスト菌《きん》を発見《はっけん》
慶應義塾大学《けいおうぎじゅくだいがく》に医学科《いがくか》をつくり医学科長《いがくかちょう》としてつくした

なんか、ずーっと勉強《べんきょう》していたような人《ひと》だね。さぼりたいとか思《おも》わないのかな？
研究《けんきゅう》に没頭《ぼっとう》する人《ひと》は、そんなこと思《おも》わないのよ

どんな研究《けんきゅう》をしたの？

菌《きん》って見《み》えないから
こわそうだけど…

破傷風菌《はしょうふうきん》のつくる毒《どく》により、全身《ぜんしん》のけいれんなどが起《お》こる破傷風《はしょうふう》は、治療《ちりょう》がおくれると命《いのち》に関《かか》わる病気《びょうき》だったんだ。この菌《きん》を研究《けんきゅう》して、予防《よぼう》と治療《ちりょう》の方法《ほうほう》を見《み》つけたんだよ。
また、これまでの歴史《れきし》の中《なか》で、１億人《おくにん》以上《いじょう》が亡《な》くなったペスト（黒死病《こくしびょう》）の菌《きん》を発見《はっけん》し、予防《よぼう》と治療《ちりょう》の方法《ほうほう》も確立《かくりつ》したんだ。そのおかげで、現在《げんざい》では大流行《だいりゅうこう》はしていないんだよ。

世界中《せかいじゅう》の人《ひと》を救《すく》う
仕事《しごと》をしたんだね！
すごいなあ～

今《いま》では当《あ》たり前《まえ》のように
治療《ちりょう》しているものでも、
たいへんな研究《けんきゅう》が
あったのね

伝染病研究所《でんせんびょうけんきゅうじょ》ってどんなところ？

今《いま》もあるのかな？

伝染病《でんせんびょう》や予防接種《よぼうせっしゅ》などの研究《けんきゅう》をしていたところで、今《いま》は東京大学医科学研究所《とうきょうだいがくいかがくけんきゅうじょ》になっているよ。この研究所《けんきゅうじょ》をつくる援助《えんじょ》をしたのが慶應義塾大《けいおうぎじゅくだい》学《がく》の福沢諭吉《ふくざわゆきち》だったから、北里《きたさと》は恩返《おんがえ》しの気持《きも》ちで医学科《いがくか》をつくったんだ。

生涯《しょうがい》を医学《いがく》の研究《けんきゅう》に
ささげた人《ひと》なのね。
そのおかげで、
今《いま》わたしたちが健康《けんこう》で
くらせるのかもね

そうだね。
予防注射《よぼうちゅうしゃ》がいたいからって
にげたりしちゃダメだね！
（でもいたい…）

関《かか》わりの深《ふか》い偉人《いじん》

志賀潔《しがきよし》

（1870～1957）

伝染病研究所《でんせんびょうけんきゅうじょ》で北里《きたさと》の指導《しどう》を受《う》けた人《ひと》。
明治時代《めいじじだい》に大流行《だいりゅうこう》した赤痢《せきり》は、何万人《なんまんにん》もの患者《かんじゃ》がいて、25％《パーセント》が亡《な》くなる病気《びょうき》だったんだ。
その菌《きん》をつきとめて研究《けんきゅう》し、治療法《ちりょうほう》を確立《かくりつ》したんだよ。
すばらしい研究《けんきゅう》をしても、本人《ほんにん》はとても質素《しっそ》な生活《せいかつ》をした人《ひと》だったんだ。

英語《えいご》で本《ほん》を書《か》いた！

新《に》渡《と》戸《べ》稲《いな》造《ぞう》

思想家《しそうか》、教育者《きょういくしゃ》（1862～1933）

日本《にほん》のことを海外《かいがい》の人《ひと》に知《し》ってもらおうと、『BUSHIDO《ぶしどう》（武士道《ぶしどう》）』という本《ほん》を英《えい》語《ご》で書《か》いたのが新渡戸稲造《にとべいなぞう》。明治《めいじ》の時代《じだい》に、はじめから英語《えいご》で本《ほん》を書《か》いたのはすごいよね。そのおかげで、外国《がいこく》の人《ひと》が日本《にほん》に興味《きょうみ》を持《も》つようになったんだ。

新渡戸稲造《にとべいなぞう》
英語《えいご》を教《おし》えてください！
小学生《しょうがくせい》のときかかりつけの医者《いしゃ》に英語《えいご》を習《なら》う
農学校《のうがっこう》を卒業《そつぎょう》し帝国大学《ていこくだいがく》に入学《にゅうがく》しかし…
日本《にほん》と海外《かいがい》のかけ橋《はし》になりたい！退学《たいがく》して留学《りゅうがく》しよう
そして英語《えいご》で『武士道《ぶしどう》』を書《か》く
BUSHIDO
国際連盟《こくさいれんめい》の設立《せつりつ》に際《さい》して事務次長《じむじちょう》に選《えら》ばれる
事務次長

子《こ》どものころから、海外《かいがい》に目《め》を向《む》けていたんだね
ただ興味《きょうみ》があっただけじゃなくて、日本《にほん》と海外《かいがい》をつなぐってことを考《かんが》えていたのがすごいわよね

関《かか》わりの深《ふか》い偉人《いじん》たち

鈴木大拙《すずきだいせつ》（1870～1966）

仏教《ぶっきょう》のひとつの宗派《しゅうは》である「禅《ぜん》」の研究《けんきゅう》をし、「近代日本最大《きんだいにほんさいだい》の仏教学者《ぶっきょうがくしゃ》」といわれているよ。
アメリカでの生活《せいかつ》が長《なが》かった大拙《だいせつ》は、禅《ぜん》の文化《ぶんか》を海外《かいがい》に広《ひろ》めるために、禅《ぜん》についての多《おお》くの本《ほん》を英語《えいご》で書《か》いたんだ。

岡倉天心《おかくらてんしん》（1862～1913）

明治維新《めいじいしん》のころ、日本《にほん》の美術品《びじゅつひん》がたくさん海外《かいがい》に流出《りゅうしゅつ》してしまったことがあった。
天心《てんしん》は、日本《にほん》の古美術《こびじゅつ》を保護《ほご》しようと活動《かつどう》した人《ひと》なんだ。そして、彫刻《ちょうこく》を修理《しゅうり》したり復元《ふくげん》したりして、古《ふる》いものを大切《たいせつ》に守《まも》ったんだね。
また、外国《がいこく》の人《ひと》に日本文化《にほんぶんか》を知《し》ってもらうために『茶《ちゃ》の本《ほん》』などを英語《えいご》で書《か》いたんだ。

『武士道《ぶしどう》』って本《ほん》は、どんなところがすごいの？

きびしいことが書《か》いてありそう…

『武士道《ぶしどう》』は、もともと全文《ぜんぶん》、英語《えいご》で書《か》かれた本《ほん》なんだ。1900年《ねん》にアメリカで出版《しゅっぱん》されて多《おお》くの人《ひと》に読《よ》まれ、その後《ご》フランス語《ご》やドイツ語《ご》などにも翻訳《ほんやく》されたんだよ。海外《かいがい》の人《ひと》が日本《にほん》や日本人《にほんじん》に関心《かんしん》を持《も》つことを後押《あとお》ししたんだね。アメリカの大統領《だいとうりょう》セオドア・ルーズベルトも読《よ》んで影響《えいきょう》を受《う》けたといわれているよ。

え～っ！
全部英語《ぜんぶえいご》で書《か》いたの?!
それはすごいなあ
日本語《にほんご》で出版《しゅっぱん》されたのは
1908年《ねん》だって。
今《いま》でいう「逆輸入《ぎゃくゆにゅう》」ね！

それで、『武士道《ぶしどう》』には何《なに》が書《か》かれているの？

甲冑《かっちゅう》の絵《え》とか？

「武士道《ぶしどう》」とは「武士《ぶし》の掟《おきて》」のこと。新渡戸《にとべ》の『武士道《ぶしどう》』の本《ほん》には、日本人《にほんじん》の精神性《せいしんせい》、日本人《にほんじん》が何《なに》を大切《たいせつ》にして生《い》きているかなどが書《か》かれているんだ。
「日本人《にほんじん》とは何《なに》か」を外国《がいこく》の人《ひと》に知《し》らせるために書《か》いたものが、日本人《にほんじん》の心《こころ》にひびくものにもなったんだね。

ぼくは、毎日楽《まいにちたの》しく
すごすことを大切《たいせつ》にして
生《い》きているよ！
ふ～
まあ、ある意味《いみ》それも
大事《だいじ》なことだけどね…

女子大《じょしだい》をつくった人《ひと》！

津《つ》田《だ》梅《うめ》子《こ》

教育者《きょういくしゃ》（1864～1929）

津田梅子《つだうめこ》は、日本《にほん》における女子《じょし》の高等教育機関《こうとうきょういくきかん》のさきがけとなった人《ひと》。まだ女性《じょせい》が高等教育《こうとうきょういく》を受《う》けられなかった時代《じだい》に、「女性《じょせい》も男性《だんせい》と同《おな》じように活躍《かつやく》できるように！」という思《おも》いを実現《じつげん》したんだよ。

梅子《うめこ》は何回《なんかい》も海外《かいがい》に行《い》ったのはなぜ？

ハンバーガーが食《た》べたかったのかな？

教育者《きょういくしゃ》になるための勉強《べんきょう》や、海外《かいがい》の大学《だいがく》の視察《しさつ》がしたかったんだね。それに、アメリカではヘレン・ケラーに会《あ》い、イギリスではナイチンゲールに会《あ》っているんだ。社会《しゃかい》に貢献《こうけん》している女性《じょせい》に会《あ》って、より刺激《しげき》を受《う》けたんじゃないかな。

ヘレン・ケラーは見《み》えない、聞《き》こえない、話《はな》せない中《なか》で努力《どりょく》した人《ひと》だもんね
ナイチンゲールは、たくさんの命《いのち》を救《すく》った看護師《かんごし》さん。すごいよね！

どうして6歳《さい》で留学《りゅうがく》したの？

海外旅行《かいがいりょこう》したかったからかな

明治《めいじ》のはじめに、アメリカやヨーロッパの国々《くにぐに》を視察《しさつ》するために、岩倉具視《いわくらともみ》をリーダーとした「岩倉使節団《いわくらしせつだん》」というのが結《けっ》成《せい》されたんだよ。梅子《うめこ》の父《ちち》が、留学生《りゅうがくせい》としていっしょに行《い》けるようにと応募《おうぼ》して、梅子《うめこ》が行《い》くことになったんだ。

そっか、旅行《りょこう》じゃないんだ
お父《とう》さんも、梅子《うめこ》が勉強《べんきょう》することを応援《おうえん》していたのね

関《かか》わりの深《ふか》い偉人《いじん》たち

伊藤博文《いとうひろぶみ》（1841～1909）

吉田松陰《よしだしょういん》に学《まな》んだ、明治新政府《めいじしんせいふ》の中心人物《ちゅうしんじんぶつ》。
初代《しょだい》の内閣総理大臣《ないかくそうりだいじん》で、内閣制度《ないかくせいど》や大日本帝国憲《だいにほんていこくけん》法《ぽう》をつくることに力《ちから》を注《そそ》いだんだ。
岩倉使節団《いわくらしせつだん》の一員《いちいん》でもあり、梅子《うめこ》に目《め》をかけていたんだよ。

フローレンス・ナイチンゲール（1820～1910）

19世紀《せいき》のクリミア戦争《せんそう》のとき、看護師《かんごし》たちをひきいて戦地《せんち》に行《い》き、野戦病院《やせんびょういん》の衛生状態《えいせいじょうたい》を良《よ》くするなどして兵士《へいし》たちの命《いのち》を助《たす》けたんだ。そして看護学校《かんごがっこう》をつくって、多《おお》くの看護師《かんごし》を育《そだ》てたんだよ。
梅子《うめこ》はナイチンゲールを尊敬《そんけい》していたんだね。

コラム

みんなの力《ちから》を結集《けっしゅう》！ チームの成果《せいか》

社会《しゃかい》を変《か》えるような大《おお》きな仕事《しごと》は、チームを組《く》んで力《ちから》をあわせて成《な》し遂《と》げられる。時間《じかん》がかかっても、途中《とちゅう》で投《な》げ出《だ》したくなっても、仲間《なかま》がいたらはげましあえるよね！

【新幹線《しんかんせん》】

1964年《ねん》、**東京《とうきょう》オリンピック**の年《とし》に東海道新幹線《とうかいどうしんかんせん》が開業《かいぎょう》したよ。
当時《とうじ》では世界最速《せかいさいそく》の時速《じそく》210キロ、東京《とうきょう》－大阪間《おおさかかん》を４時間《じかん》で結《むす》んだ新幹線《しんかんせん》。その新幹線開発《しんかんせんかいはつ》の中心人物《ちゅうしんじんぶつ》のひとりだった**三木忠直《みきただなお》**は、戦争中《せんそうちゅう》に爆撃機《ばくげきき》の設計《せっけい》をしていた海軍《かいぐん》の技術者《ぎじゅつしゃ》だったんだ。人《ひと》の命《いのち》をうばうためのものづくりをしていたことに苦《くる》しんだ三木《みき》は、**人《ひと》の役《やく》に立《た》つものをつくりたい**という思《おも》いで新幹線《しんかんせん》の開発《かいはつ》に努力《どりょく》したんだよ。
「夢《ゆめ》の超特急《ちょうとっきゅう》」といわれていた新幹線《しんかんせん》は、たくさんの人《ひと》の努力《どりょく》があって、終戦後《しゅうせんご》19年《ねん》で完成《かんせい》したんだ。これは、日本人《にほんじん》の技術力《ぎじゅつりょく》の高《たか》さを証明《しょうめい》することにもなったんだね。新幹線《しんかんせん》によって人《ひと》やものの大量輸送《たいりょうゆそう》が実現《じつげん》し、日本《にほん》の経済《けいざい》をささえるようになったんだ。
新幹線《しんかんせん》の成功《せいこう》は世界《せかい》でも評価《ひょうか》されて、フランスやドイツなど海外《かいがい》の鉄道敷設《てつどうふせつ》にもつながったんだよ。

日本《にほん》の鉄道《てつどう》は、安全《あんぜん》なことはもちろん、運行《うんこう》スケジュールも守《まも》られているよね。これは世界《せかい》にほこれることなんだよ。

【ゴジラ】

かっこいい！

ゴジラが誕生《たんじょう》したのは1954年《ねん》。大人《おとな》が見《み》る映画《えいが》が主流《しゅりゅう》だった時代《じだい》に、大人《おとな》も子《こ》どもも楽《たの》しめる映画《えいが》をつくりたいという思《おも》いで、**円谷英二《つぶらやえいじ》**ひきいる若者《わかもの》たちの集団《しゅうだん》が生《う》み出《だ》したヒーローなんだよ。
ゴジラは街《まち》をこわす怪獣《かいじゅう》のイメージだけれど、その奥《おく》には、**原爆の被害《げんばくのひがい》**にあった日本《にほん》から世界《せかい》に向《む》けて、**核兵器《かくへいき》**や**放射能《ほうしゃのう》**の危険性《きけんせい》と平和《へいわ》を求《もと》めるメッセージがこめられているんだ。

ただの怪獣映画《かいじゅうえいが》ではなく、今《いま》の時代《じだい》にも通《つう》じる大切《たいせつ》なメッセージがこめられているから、ゴジラは世界《せかい》のヒーローになったんだね。

【天然痘撲滅《てんねんとうぼくめつ》】

命《いのち》がけで病気《びょうき》のワクチンを接種《せっしゅ》したのね
勇気《ゆうき》を持《も》って立《た》ちあがったなんてすごいなあ

天然痘《てんねんとう》は、３千年《ぜんねん》にもわたって人類《じんるい》を苦《くる》しめた病気《びょうき》。感染《かんせん》すると全身《ぜんしん》に発疹《はっしん》が広《ひろ》がっていたみが出《で》て、死《し》ぬこともあったんだよ。奈良《なら》の平城京《へいじょうきょう》や南米《なんべい》のアステカ文明《ぶんめい》がほろんでしまったのも、この病気《びょうき》のせいなんだ。
天然痘《てんねんとう》をなくすためにたたかったのが、日本人《にほんじん》の**蟻田功《ありたいさお》**さんという厚生省《こうせいしょう》（当時《とうじ》）の職員《しょくいん》。彼《かれ》がリーダーとなって各国《かっこく》のメンバーが集《あつ》まり、患者《かんじゃ》にワクチン接種《せっしゅ》をして病気《びょうき》をなくすことができたんだ。
1980年《ねん》には、ＷＨＯ《ダブリューエイチオー》（世界保健機関《せかいほけんきかん》）が天然痘根絶宣言《てんねんとうこんぜつせんげん》をしているよ。

蟻田《ありた》さんというひとりの日本人《にほんじん》が、勇気《ゆうき》を持《も》ってたたかったことからはじまったんだ。当時《とうじ》の患者《かんじゃ》さんたちだけでなく、未来《みらい》のわたしたちも救《すく》われることになったんだね。

すぐれた戦《せん》国《ごく》武《ぶ》将《しょう》！

当時《とうじ》の日本《にほん》の中枢《ちゅうすう》、天皇《てんのう》と将軍《しょうぐん》のいる京都《きょうと》を制圧《せいあつ》して、天下《てんか》を取《と》ろうとした織田信《おだのぶ》長《なが》。戦国武将《せんごくぶしょう》としては、豊臣秀吉《とよとみひでよし》、徳川家康《とくがわいえやす》とならぶ三英傑《さんえいけつ》(非常《ひじょう》にすぐれた三人《さんにん》)とされているよ。経済《けいざい》の活性化《かっせいか》にも力《ちから》を入《い》れ、茶《ちゃ》の湯《ゆ》を広《ひろ》めた人《ひと》でもあるんだ。

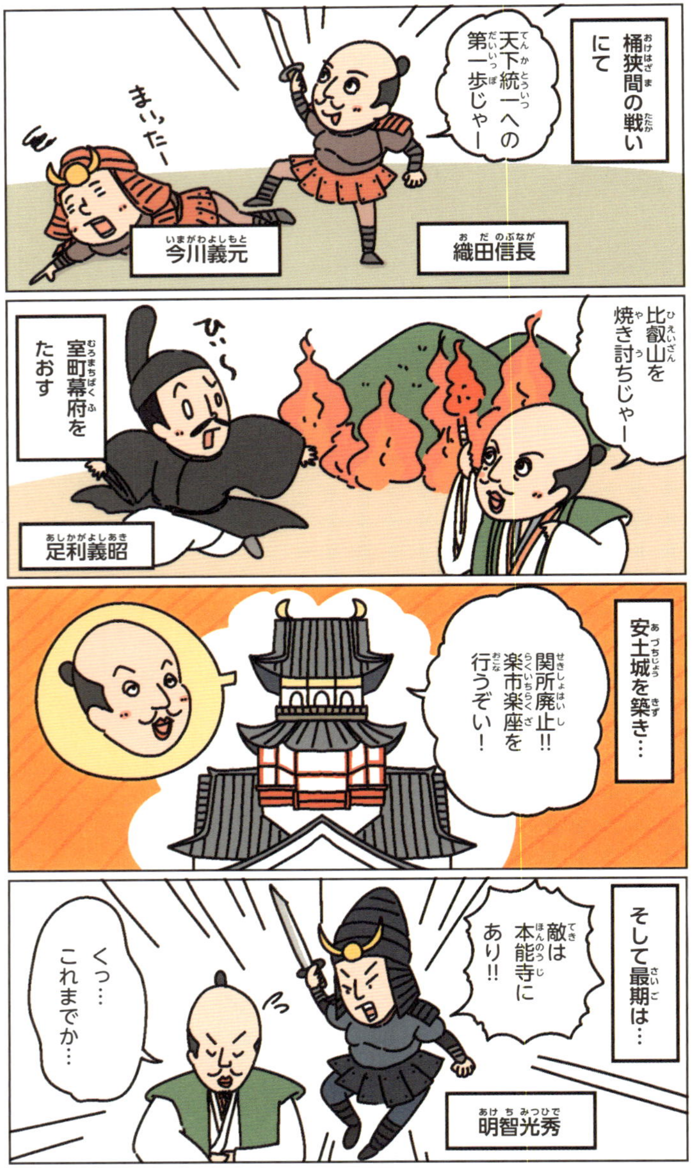

桶狭間《おけはざま》の戦《たたか》いにて
天下統一《てんかとういつ》への第一歩《だいいっぽ》じゃー
まいったー
今川義元《いまがわよしもと》
織田信長《おだのぶなが》
比叡山《ひえいざん》を焼《や》き討《う》ちじゃー
室町幕府《むろまちばくふ》をたおす
ひぃ〜
足利義昭《あしかがよしあき》
安土城《あづちじょう》を築《きず》き…
関所廃止《せきしょはいし》!! 楽市楽座《らくいちらくざ》を行《おこな》うぞい！
そして最期《さいご》は…
敵《てき》は本能寺《ほんのうじ》にあり!!
くっ… これまでか…
明智光秀《あけちみつひで》

織《お》田《だ》信《のぶ》長《なが》

戦国武将《せんごくぶしょう》

（1534〜1582）

はじめから最後《さいご》まで、戦《たたか》ってばかりいた人《ひと》みたいだね
戦国時代《せんごくじだい》の武士《ぶし》は、戦《たたか》うことが生《い》きること、っていう感《かん》じだったのよね
オリャー

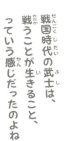

楽市楽座《らくいちらくざ》って何《なに》？

なんか楽《たの》しそうだけど

城下町《じょうかまち》を発展《はってん》・繁栄《はんえい》させるために、「座《ざ》」という商人《しょうにん》たちの組合《くみあい》を廃止《はいし》して、だれもが自由《じゆう》に商売《しょうばい》ができるようにしたんだ。
今《いま》、ニュースなどで「規制緩和《きせいかんわ》」って言葉《ことば》を聞《き》くと思《おも》うけれど、そのさきがけだね。経済発展《けいざいはってん》を見《み》こして、規制《きせい》をゆるくしたんだよ。

いろんな人《ひと》が商売《しょうばい》をはじめると、町《まち》がにぎやかになるもんね
信長《のぶなが》は、経済《けいざい》を活性化《かっせいか》させた人《ひと》なのね

信長《のぶなが》は、性格《せいかく》がはげしい人《ひと》っていうのは本当《ほんとう》なの？

クラスにいたらこわいなー

たしかに、比叡山《ひえいざん》を焼《や》き討《う》ちしたり、数々《かずかず》の戦《いくさ》で多《おお》くの人《ひと》の命《いのち》をうばったことを考《かんが》えると、短気《たんき》で気性《きしょう》のあらい側面《そくめん》もあっただろうね。
その一方《いっぽう》で、茶《ちゃ》の湯《ゆ》を愛《あい》して、武家社会《ぶけしゃかい》に茶道《さどう》を広《ひろ》めたのも信長《のぶなが》だったんだ。
はげしい面《めん》とおだやかな面《めん》、両方持《りょうほうも》っていたのかもね。

そうなんだ。でも、ぼくだったらお茶《ちゃ》よりジュースがいいけどなあ
飲《の》みものの話《はなし》じゃなくて、茶道《さどう》という文化《ぶんか》の話《はなし》でしょ！

関《かか》わりの深《ふか》い偉人《いじん》たち

豊臣秀吉《とよとみひでよし》（1537～1598）

武家《ぶけ》ではない下層階級《かそうかいきゅう》の出身《しゅっしん》。今川家《いまがわけ》から織田家《おだけ》に仕《つか》えるようになって、頭角《とうかく》を現《あらわ》したんだ。
明智光秀《あけちみつひで》をとらえて信長《のぶなが》のかたきを討《う》ち、天下《てんか》を統一《とういつ》した。
兵農分離《へいのうぶんり》や太閤検地《たいこうけんち》など、幕藩体制《ばくはんたいせい》の基礎《きそ》をつくった人《ひと》でもあるね。

徳川家康《とくがわいえやす》（1542～1616）

信長《のぶなが》と同盟《どうめい》を結《むす》んで勢力《せいりょく》を拡大《かくだい》していくと、秀吉《ひでよし》と対立《たいりつ》。
しかし後《のち》に秀吉《ひでよし》の天下統一《てんかとういつ》にも協力《きょうりょく》したんだ。
秀吉《ひでよし》の死後《しご》、関ヶ原《せきがはら》の戦《たたか》いに勝《か》って征夷大将軍《せいいたいしょうぐん》となり、江戸幕府《えどばくふ》を開《ひら》いて初代将軍《しょだいしょうぐん》となったんだよ。

歩《ある》いて地図《ちず》をつくった！

伊《い》能《のう》忠《ただ》敬《たか》

事業家《じぎょうか》、測量家《そくりょうか》
（1745〜1818）

日本《にほん》ではじめて、自分《じぶん》の足《あし》で歩《ある》いて測量《そくりょう》し、日本地図《にほんちず》を作成《さくせい》したのが伊能忠敬《いのうただたか》。今《いま》みんなが使《つか》っている地図《ちず》の基礎《きそ》をつくった人《ひと》だよ。それも若《わか》いときではなく、仕事《しごと》を退職《たいしょく》したあと！　努力《どりょく》と学《まな》びに年齢《ねんれい》は関係《かんけい》ないんだね。

伊能忠敬《いのうただたか》50歳《さい》
酒造家《しゅぞうか》に婿入《むこい》りして、商売《しょうばい》もしたし
そろそろ隠居《いんきょ》だなー
そして51歳《さい》
勉強《べんきょう》楽《たの》しいわー
暦学《れきがく》・天文学《てんもんがく》を学《まな》びはじめる
学《まな》んだことを活《い》かして地図《ちず》をつくろう！
まずは北海道《ほっかいどう》の測量《そくりょう》スタートだ
17年《ねん》かかったけど日本全土《にほんぜんど》測量《そくりょう》したぞ…
そして忠敬《ただたか》の死後《しご》『大日本沿海輿地全図《だいにほんえんかいよちぜんず》』が完成《かんせい》した

50歳《さい》から勉強《べんきょう》をはじめるなんて、学《まな》ぶ意欲《いよく》のある人《ひと》だったのね！
ぼくだったら、勉強《べんきょう》なんてしないで、隠居生活《いんきょせいかつ》を思《おも》いっきり楽《たの》しむけどな〜

日本全国《にほんぜんこく》を歩《ある》くって、いったいどのくらい歩《ある》いたの？

足《あし》がいたくならないのかな…

忠敬《ただたか》は3.5万《まん》キロを歩《ある》いたといわれているよ。歩数《ほすう》を数《かぞ》えて距離《きょり》を測《はか》るからね。
忠敬《ただたか》がやりたいといってはじめた測量《そくりょう》だったけれど、実績《じっせき》が認《みと》められると、幕府《ばくふ》からの命令《めいれい》と支援《しえん》を受《う》けて地図《ちず》づくりをするようになったんだよ。

ひぇ〜、一歩《いっぽ》でもまちがえたらたいへんなことになっちゃうよ!!

忠敬《ただたか》は、お兄《にい》ちゃんみたいにおっちょこちょいじゃなかったと思《おも》うわ

年《とし》をとっても勉強《べんきょう》するってすごいよね！

ぼくにはむりそう…

そうだね。忠敬《ただたか》がすごいのは、まずは家業《かぎょう》を成功《せいこう》させてから引退《いんたい》し、第二《だいに》の人生《じんせい》で地図《ちず》をつくるという偉業《いぎょう》を成《な》し遂《と》げたことだよね。
つまり、人生《じんせい》で二度《にど》も成功《せいこう》しているんだ。どちらもはじめてのことばかりだけれど、イチから努力《どりょく》して結果《けっか》を出《だ》した忠敬《ただたか》のような人《ひと》がいると、はげまされるね！

家業《かぎょう》も測量《そくりょう》も、仲間《なかま》がいてこそ。いい仲間《なかま》にもめぐまれたのね

ひとりきりではできないもんね。やっぱり協力《きょうりょく》しあうことが大事《だいじ》！

関《かか》わりの深《ふか》い偉人《いじん》

関孝和《せきたかかず》（1642〜1708）

甲府藩《こうふはん》にいた孝和《たかかず》は、忠敬《ただたか》より前《まえ》に、国絵図《くにえず》という領地別《りょうちべつ》の地図《ちず》をつくっていたんだよ。
数学者《すうがくしゃ》としては、紙《かみ》に数字《すうじ》を書《か》いて、自分《じぶん》で円周率《えんしゅうりつ》を小数第《しょうすうだい》11位《い》まで計算《けいさん》したんだ。そろばんで計算《けいさん》していた江戸時代《えどじだい》の日本《にほん》に、高等数学《こうとうすうがく》の考《かんが》え方《かた》を取《と》り入《い》れて発展《はってん》させた人《ひと》だね。

領地別《りょうちべつ》の地図《ちず》はあったけど、日本全国《にほんぜんこく》の地図《ちず》は忠敬《ただたか》がはじめてつくったってことか

地図《ちず》がない時代《じだい》は、日本《にほん》がどのくらいの大《おお》きさなのかもわからなかったのよね

明《めい》治《じ》政《せい》府《ふ》のキーパーソン！

外国《がいこく》との交流《こうりゅう》を制限《せいげん》する「鎖国《さこく》」が長《なが》く続《つづ》いた日本《にほん》に、アメリカから黒船《くろふね》がやってきた！　そのとき、「日本《にほん》はこのままではいけない」と危機感《ききかん》を持《も》ったうちのひとりが西郷隆盛《さいごうたかもり》。敵対《てきたい》する藩同士《はんどうし》を結《むす》んで、新政府《しんせいふ》をつくるときの中心《ちゅうしん》になった人《ひと》だよ。

1853年《ねん》ペリー来航《らいこう》
江戸《えど》に来《き》てくれー
わかったでごわす
庭方役《にわかたやく》として政治活動《せいじかつどう》をスタートするが幕府《ばくふ》に追《お》われ…
もはやこれまで！
バッ
一命《いちめい》をとりとめ薩長同盟《さっちょうどうめい》を結《むす》んだ
薩長同盟
ガッハッハ
ハッハッハ
そして戊辰戦争《ぼしんせんそう》で無血開城《むけつかいじょう》を成功《せいこう》させる
戦《いくさ》はしたくない
うむ

西《さい》郷《ごう》隆《たか》盛《もり》

政治家《せいじか》
（1827～1877）

なんか、身投《みな》げしたり戦争《せんそう》したり、生傷《なまきず》のたえない人《ひと》だねー
天皇家《てんのうけ》と幕府《ばくふ》の対立《たいりつ》の中《なか》で、平和的《へいわてき》な道《みち》を探《さぐ》ろうと一生懸命《いっしょうけんめい》だったのよ！

薩長同盟《さっちょうどうめい》って何《なに》がすごいの？

薩長《さっちょう》って、
さつまいもと
長《なが》いも？

鹿児島《かごしま》の薩摩藩《さつまはん》と、山口《やまぐち》の長州藩《ちょうしゅうはん》は、長《なが》い間政治的《あいだせいじてき》な対立《たいりつ》をしていたんだ。でもアメリカから黒船《くろふね》が来航《らいこう》して、外国《がいこく》の脅威《きょうい》を感《かん》じるようになったら、国内《こくない》で争《あらそ》っている場合《ばあい》ではないよね。
そこで、開国《かいこく》して近代化《きんだいか》するために江戸幕府《えどばくふ》をたおそうという共通《きょうつう》の目的《もくてき》を持《も》って、薩摩《さつま》と長州《ちょうしゅう》が同盟《どうめい》を組《く》んだんだ！　このときの薩摩藩《さつまはん》の代表《だいひょう》が西郷《さいごう》だったんだよ。

昨日《きのう》の敵《てき》は
今日《きょう》の友《とも》ってことね

鹿児島《かごしま》と山口《やまぐち》なんて
そんなに遠《とお》くないんだから、
もっと早《はや》くから仲良《なかよ》く
すればよかったのにね。
おいしいものとか
交換《こうかん》してさ！

「無血開城《むけつかいじょう》」って何《なに》？

なんかの四字熟語《よじじゅくご》かな

「血《ち》を流《なが》さずに城《しろ》をあけわたす」という意味《いみ》で、戦《いくさ》をすることなく、江戸城《えどじょう》を明治《めいじ》の新政府《しんせいふ》にあけわたしたってことだよ。
もし戦《たたか》いが起《お》きて、大都市《だいとし》・江戸《えど》が戦火《せんか》に巻《ま》きこまれることになったら、その隙《すき》に外国《がいこく》から攻《せ》めこまれてしまう。そうならないように勝海舟《かつかいしゅう》と西郷《さいごう》が条件《じょうけん》を話《はな》しあって、西郷《さいごう》が幕府《ばくふ》に提案《ていあん》したんだ。これは歴史的《れきしてき》にも大《おお》きな出来事《できごと》なんだよ。

そっかあ。
だから今《いま》でも、
江戸時代《えどじだい》の貴重《きちょう》なものが
たくさん残《のこ》っているのね

話《はな》しあいで
解決《かいけつ》するのが
一番《いちばん》だよね。
血《ち》が出《で》るなんて、
いたくていやだよぉ

関《かか》わりの深《ふか》い偉人《いじん》たち

勝海舟《かつかいしゅう》
(1823 ～ 1899)

ペリー来航《らいこう》に刺激《しげき》を受《う》けて海軍《かいぐん》の研究《けんきゅう》をし、「咸臨丸《かんりんまる》」で日本初《にほんはつ》の太平洋横断《たいへいようおうだん》をしたんだよ。
帰国後《きこくご》、海軍《かいぐん》の操練所《そうれんじょ》をつくり、坂本龍馬《さかもとりょうま》たちが弟子《でし》になったんだ。西郷《さいごう》とともに江戸城《えどじょう》の無血開城《むけつかいじょう》を進《すす》め、明治《めいじ》の新政府《しんせいふ》で要職《ようしょく》についた。西郷《さいごう》も龍馬《りょうま》も、勝《かつ》のことをとても尊敬《そんけい》していたんだよ。

大久保利通《おおくぼとしみち》
(1830 ～ 1878)

西郷《さいごう》のおさななじみで、薩長同盟《さっちょうどうめい》でも活躍《かつやく》した人《ひと》。明治《めいじ》の新政府《しんせいふ》の役人《やくにん》となって、版籍奉還《はんせきほうかん》（藩主《はんしゅ》の土地《とち》と人《ひと》を天皇《てんのう》に返《かえ》した）と廃藩置県《はいはんちけん》（藩《はん》をやめて府《ふ》と県《けん》にした）を行《おこな》ったんだ。
その後《ご》、西郷《さいごう》とは「征韓論《せいかんろん》」で意見《いけん》が対立《たいりつ》するようになり、西南戦争《せいなんせんそう》で西郷《さいごう》を死《し》に追《お》いやることになってしまったんだ。

日《に》本《ほん》初《はつ》の銀《ぎん》行《こう》を設《せつ》立《りつ》！

渋《しぶ》沢《さわ》栄《えい》一《いち》

実業家《じつぎょうか》（1840〜1931）

日本初《にほんはつ》の民間銀行《みんかんぎんこう》をつくった人《ひと》。それを皮切《かわき》りに、500もの企業《きぎょう》の創設《そうせつ》、600もの団体《だんたい》の立《た》ちあげにも関《かか》わっているんだ。「日本資本主義《にほんしほんしゅぎ》の父《ちち》」ともいわれ、今《いま》の日本経済《にほんけいざい》、実業界《じつぎょうかい》の土台《どだい》を築《きず》いたといってもいいね。

農家《のうか》に生《う》まれ父親《ちちおや》から学問《がくもん》の手《て》ほどきを受《う》ける
従兄弟《いとこ》から『論語《ろんご》』を学《まな》ぶ
京都《きょうと》に行《い》き一橋慶喜《ひとつばしよしのぶ》に仕《つか》える
お世話《せわ》になります
うむ
後《のち》に徳川《とくがわ》15代将軍《だいしょうぐん》になる一橋慶喜《ひとつばしよしのぶ》
その慶喜《よしのぶ》の弟《おとうと》に随行《ずいこう》し27歳《さい》のときにパリの万国博覧会《ばんこくはくらんかい》を見学《けんがく》
これが世界《せかい》…
欧州諸国《おうしゅうしょこく》を視察《しさつ》してまわる
帰国後《きこくご》大蔵省《おおくらしょう》（当時《とうじ》）に入《はい》る
大蔵省
国立銀行
大蔵省《おおくらしょう》を辞《や》めたあと国立銀行《こくりつぎんこう》をつくるなど数々《かずかず》の企業設立《きぎょうせつりつ》にたずさわる

元々《もともと》エリートなのかと思《おも》ったら、そうでもないんだね
自分《じぶん》の努力《どりょく》で出世《しゅっせ》していった人《ひと》なのね

どうして銀行《ぎんこう》をつくったの？

っていうか、銀行《ぎんこう》って自分《じぶん》でつくれるの？

みんなのお金《かね》を集《あつ》めて、会社《かいしゃ》をつくりたい人《ひと》にかす。これが銀行《ぎんこう》の役割《やくわり》。こうすれば、会社《かいしゃ》もどんどんできるよね。
渋沢《しぶさわ》が設立者《せつりつしゃ》といわれている第一国立銀行《だいいちこくりつぎんこう》は後《のち》に「第一銀行《だいいちぎんこう》」→「第一勧業銀行《だいいちかんぎょうぎんこう》」となり、今《いま》は「みずほ銀行《ぎんこう》」となっているよ。

へぇ〜、そんな昔《むかし》の銀行《ぎんこう》が今《いま》も引《ひ》き継《つ》がれているなんて、日本《にほん》ってすごいね

みんなのお金《かね》をあつかうところだから、なくなっちゃったらこまるわよね

渋沢栄一《しぶさわえいいち》ってどんな人《ひと》だったの？

きびしくおこる人《ひと》とか？

あまいものが好《す》きで、お菓子《かし》を食《た》べることもあったそう。
晩御飯《ばんごはん》には天《てん》ぷらやウナギなどを食《た》べていたみたいだよ。
海外経験《かいがいけいけん》が豊富《ほうふ》だからか、洋食《ようしょく》も和食《わしょく》も、両方《りょうほう》食《た》べていたんだね。
『論語《ろんご》と算盤《そろばん》』というおもしろい本《ほん》も残《のこ》しているよ。

なんだー、お菓子《かし》を食《た》べてるなんて、ぼくといっしょだ！

それ以外《いがい》はだいぶちがうと思《おも》うけど…

どのくらいの会社《かいしゃ》をつくったの？

一年《いちねん》にひとつくらいとか？

渋沢《しぶさわ》は、500の企業《きぎょう》の設立《せつりつ》に関《かか》わったといわれているよ。自分《じぶん》で設立《せつりつ》したものもあれば、設立《せつりつ》する人《ひと》にアドバイスすることもあったそう。
社会公共事業《しゃかいこうきょうじぎょう》としては、ほかに600もの団体《だんたい》に関《かか》わっているんだよ。

そんなにたくさんあったら、どんな会社《かいしゃ》があるかわすれそう…

知識《ちしき》も経験《けいけん》も実力《じつりょく》もあったから、それだけいろんな人《ひと》からたよられていたってことよね

民主主義《みんしゅしゅぎ》を誕生《たんじょう》させた！

戦後《せんご》日本《にほん》の政治《せいじ》を立《た》てなおし、民主主義国家《みんしゅしゅぎこっか》の礎《いしずえ》を築《きず》いたとされている政治家《せいじか》。内《ない》閣総理大臣《かくそうりだいじん》を５回《かい》も経験《けいけん》しているのは、吉田茂《よしだしげる》だけだよ。世界《せかい》の中《なか》で日本《にほん》はどうあるべきかを考《かんが》えて政治《せいじ》を行《おこな》った人《ひと》なんだ。

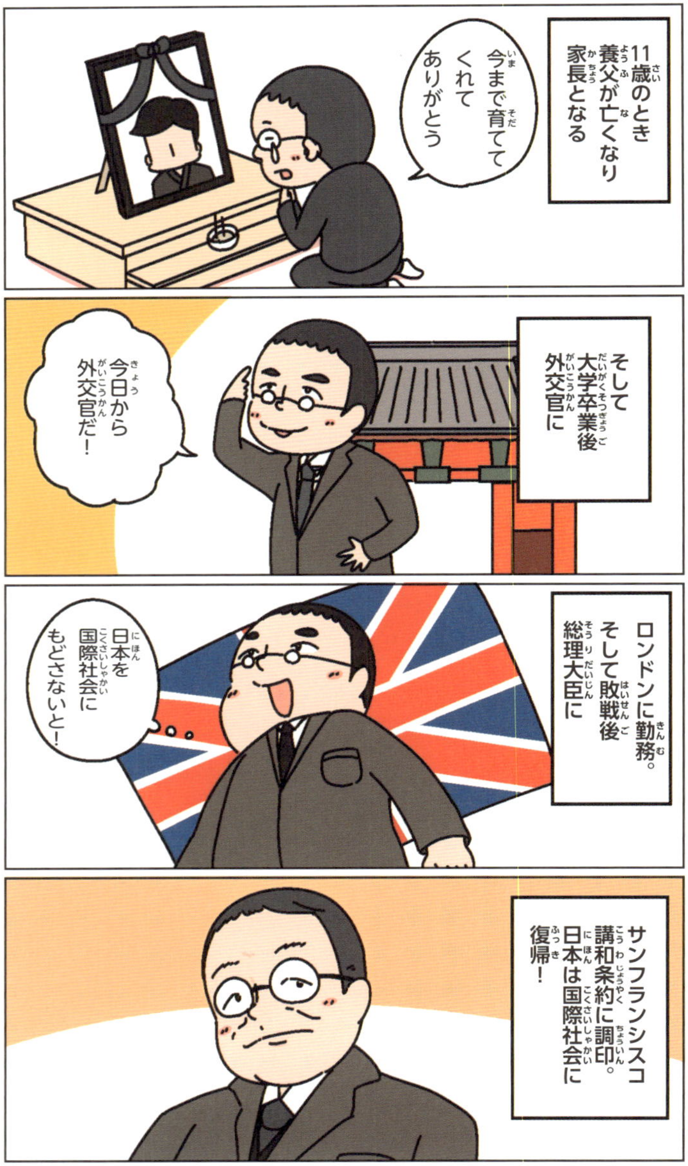
11歳《さい》のとき養父《ようふ》が亡《な》くなり家長《かちょう》となる
今《いま》まで育《そだ》ててくれてありがとう
そして大学卒業後《だいがくそつぎょうご》外交官《がいこうかん》に
今日《きょう》から外交官《がいこうかん》だ！
ロンドンに勤務《きんむ》。そして敗戦後《はいせんご》総理大臣《そうりだいじん》に
日本《にほん》を国際社会《こくさいしゃかい》にもどさないと！
サンフランシスコ講和条約《こうわじょうやく》に調印《ちょういん》。日本《にほん》は国際社会《こくさいしゃかい》に復帰《ふっき》！

吉田茂《よしだしげる》

政治家《せいじか》、元内閣総理大臣《もとないかくそうりだいじん》（1878〜1967）

イギリスに行《い》ったことで、広《ひろ》い視野《しや》を持《も》てたのね
ぼくだったら、イギリスでサッカーを見《み》るなー。マンチェスター・ユナイテッドとか！

総理大臣《そうりだいじん》になったのがすごいの？

なんかいっぱいいそうだけど…

第二次世界大戦後《だいにじせかいたいせんご》、初《はつ》の普通選挙《ふつうせんきょ》が行《おこな》われて総理大臣《そうりだいじん》になった人《ひと》が、吉田《よしだ》なんだ。戦争《せんそう》で敵対《てきたい》していた連合国《れんごうこく》と日本《にほん》との間《あいだ》で結《むす》ばれた「サンフランシスコ講和条約《こうわじょうやく》」に調印《ちょういん》したのも吉田《よしだ》。
この条約《じょうやく》の施行《しこう》によって連合国《れんごうこく》による占《せん》領《りょう》が終《お》わり、本当《ほんとう》の意味《いみ》での「終戦《しゅうせん》」になったんだよ。

そっか。「戦争《せんそう》は終《お》わり」っていうことを形《かたち》にした人《ひと》なんだね

日本《にほん》はここから新《あら》たな時代《じだい》を築《きず》くことになるんだもんね

吉田茂《よしだしげる》ってどんな人《ひと》だったの？

頭《あたま》が良《よ》さそうってことはわかるけど

イギリスでの経験《けいけん》もあって、外交感覚《がいこうかんかく》にすぐれていた人《ひと》だね。外国《がいこく》とどうつきあうべきかというのが大切《たいせつ》な時代《じだい》にあって、吉田《よしだ》は総理大臣《そうりだいじん》として手腕《しゅわん》を発揮《はっき》したんだよ。
ただ、国会《こっかい》で野党議員《やとうぎいん》に「バカヤロー」と怒鳴《どな》ったりしたこともあって、感情的《かんじょうてき》な一《いち》面《めん》もあったんだね。

「バカヤロー」っていったあとに衆議院《しゅうぎいん》を解散《かいさん》したから、「バカヤロー解散《かいさん》」っていうんだって

じゃあ、「おバカさんですね」って丁寧《ていねい》にいったら解散《かいさん》しなかったのかなあ

関《かか》わりの深《ふか》い偉人《いじん》たち

岸信介《きしのぶすけ》（1896～1987）

同時代《どうじだい》の政治家《せいじか》で、吉田《よしだ》とはライバル関係《かんけい》にあったといわれていて、吉田《よしだ》の数年後《すうねんご》に総理大臣《そうりだいじん》になったよ。
社会保障《しゃかいほしょう》に力《ちから》を入《い》れていて、国民全員《こくみんぜんいん》をカバーする「**国民皆保険《こくみんかいほけん》**」や「**国民皆年金《こくみんかいねんきん》**」、「**最低賃金法《さいていちんぎんほう》**」という制度《せいど》をつくった人《ひと》でもあるんだ。
弟《おとうと》はノーベル平和賞《へいわしょう》を受賞《じゅしょう》した佐藤栄作《さとうえいさく》だよ。

白洲次郎《しらすじろう》（1902～1985）

戦後《せんご》、吉田《よしだ》の側近《そっきん》として活躍《かつやく》した人《ひと》。
背《せ》が高《たか》くてハンサムで、外国《がいこく》に対《たい》してもいうべきことはきちんと主張《しゅちょう》する人《ひと》だったそう。政治家《せいじか》ではなかったけれど、サンフランシスコ講和条約《こうわじょうやく》の調印《ちょういん》に立《た》ち会《あ》ったほど、吉田《よしだ》に信頼《しんらい》されていたんだね。
遺書《いしょ》には「葬式無用《そうしきむよう》、戒名不用《かいみょうふよう》」と書《か》かれていて、いさぎよい性格《せいかく》がわかるね。

大《だい》企《き》業《ぎょう》をつくった経《けい》営《えい》の神《かみ》様《さま》！

日本《にほん》の電化製品《でんかせいひん》、家電製品《かでんせいひん》を開発《かいはつ》し、わたしたちの生活《せいかつ》をいちじるしく便利《べんり》にしてくれたのが松下幸之助《まつしたこうのすけ》。一代《いちだい》で世界《せかい》に知《し》られる大企業《だいきぎょう》に成長《せいちょう》させ、「経営《けいえい》の神様《かみさま》」ともいわれているよ。今《いま》でも慕《した》う人《ひと》はたくさんいるんだ。

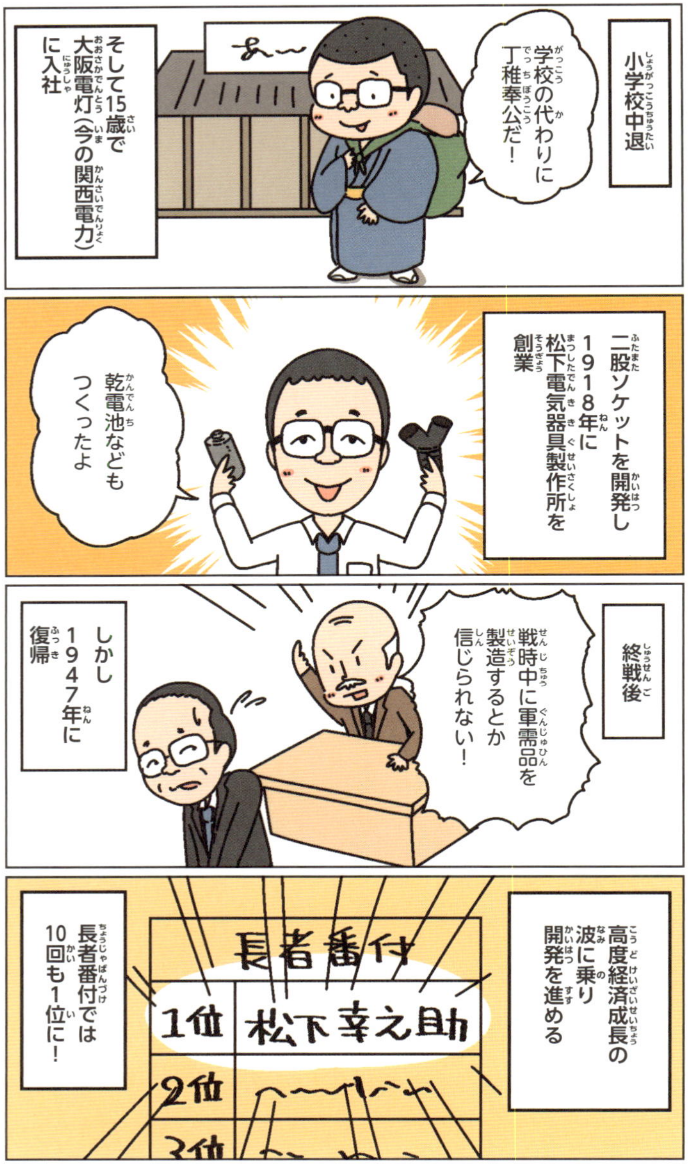

松《まつ》下《した》幸《こう》之《の》助《すけ》

実業家《じつぎょうか》
（1894～1989）

小学校《しょうがっこう》を途中《とちゅう》でやめたのに、大会社《だいがいしゃ》の社長《しゃちょう》になったなんて、パワフルな人《ひと》だね
学歴《がくれき》は関係《かんけい》なく、自分《じぶん》のやりたいこと、やるべきことを一生《いっしょう》かけてつらぬいたのね

いろんな改革《かいかく》をした人《ひと》でもあるの？

たくさんの人《ひと》に尊敬《そんけい》されているもんね

「松下政経塾《まつしたせいけいじゅく》」を開《ひら》いて、政治家《せいじか》を育《そだ》てることもしたんだ。
また、今《いま》では学校《がっこう》や会社《かいしゃ》が週休２日《しゅうきゅうふつか》なのは当《あ》たり前《まえ》だけれど、1965年《ねん》に、会社《かいしゃ》としてはじめて週休２日制《しゅうきゅうふつかせい》を取《と》り入《い》れたのは松下《まつした》なんだよ。仕事《しごと》の能率《のうりつ》を高《たか》めるために、しっかり休《やす》みを取《と》ることが大事《だいじ》という考《かんが》え方《かた》だったんだね。

それはありがたい!!
そうでなかったら、毎週土曜日《まいしゅうどようび》に
学校《がっこう》に行《い》かなきゃいけなかったんだね

遊《あそ》ぶために休《やす》むんじゃないのよ、
もっとがんばるための
休《やす》みなんだからね！

社長《しゃちょう》としてもすごいけど、発明《はつめい》もしたの？

いろいろやってるんだね

「二股《ふたまた》ソケット」といって、電気《でんき》を二《ふた》つ同時《どうじ》に取《と》れるようにしたものを発明《はつめい》したんだよ。
今《いま》では当《あ》たり前《まえ》だけれど、昔《むかし》はひとつしか電気《でんき》を使《つか》えなかったんだ。はじめはなかなか認《みと》められなかったけれど、製品化《せいひんか》されると便利《べんり》なことがわかって人気《にんき》になったんだよ。

そっか。
今《いま》はいっぱいコンセントを
さして使《つか》ってるけど、
昔《むかし》はそうじゃなかったんだね

より便利《べんり》な生活《せいかつ》が
できるようになって、
ずっと考《かんが》えていたから
ひらめいたのね！

関《かか》わりの深《ふか》い偉人《いじん》たち

本田宗一郎《ほんだそういちろう》（1906～1991）

高等小学校卒業後《こうとうしょうがっこうそつぎょうご》、自動車修理工場《じどうしゃしゅうりこうじょう》につとめた本田《ほんだ》は、自分《じぶん》で会社《かいしゃ》をつくってオートバイや車《くるま》の製造《せいぞう》をはじめたんだ。それが「本田技研工業《ほんだぎけんこうぎょう》」、つまり「ホンダ」だね。1964年《ねん》からはF1《エフワン》レースに参加《さんか》するようになって、「ホンダ」の名前《なまえ》を世界的《せかいてき》に広《ひろ》めたんだ。

井深大《いぶかまさる》（1908～1997）

盛田昭夫《もりたあきお》とともに町工場《まちこうば》をつくって、テープレコーダーやトランジスタラジオ、家庭用《かていよう》のビデオテープレコーダーやウォークマンを開発《かいはつ》したんだ。
戦後《せんご》の日本経済《にほんけいざい》をもりあげて、「ソニー」という世界的《せかいてき》な企業《きぎょう》にまで成長《せいちょう》させたんだよ。

命《いのち》のビザで人々《ひとびと》を救《すく》った！

迫害《はくがい》されていたユダヤ人《じん》が国外《こくがい》に脱出《だっしゅつ》できるよう、「命《いのち》のビザ」を発給《はっきゅう》したのが杉《すぎ》原《はら》千《ち》畝《うね》。国《くに》の許可《きょか》なく自分《じぶん》の判断《はんだん》で行《おこな》ったために、後《のち》に批判《ひはん》を受《う》けることになるけれど、ひとりでも多《おお》くの命《いのち》を救《すく》いたいという信念《しんねん》で行動《こうどう》したことはすばらしいね。

杉《すぎ》原《はら》千《ち》畝《うね》

外交官《がいこうかん》

（1900～1986）

つらい目《め》にあっている人《ひと》たちのために、努力《どりょく》した人《ひと》なんだね
自分《じぶん》の立場《たちば》よりも、人《ひと》を救《すく》うことを第一《だいいち》に考《かんが》えたんだわ

ビザを出《だ》すことが、どうして人《ひと》を救《すく》うことになったの？

ビザならおいしいけどね

ほかの国《くに》に行《い》くためには、「この人《ひと》は他国《たこく》に行《い》っても大丈夫《だいじょうぶ》な人《ひと》」という証明《しょうめい》が必要《ひつよう》なんだ。それをビザといって、大使館《たいしかん》や領事館《りょうじかん》という国《くに》の機関《きかん》で審査《しんさ》し、発《はっ》給《きゅう》するんだよ。
でも、迫害《はくがい》にあっていたユダヤ人《じん》は、自分《じぶん》の国《くに》でそれをもらうことができなかった。だから千畝《ちうね》は、助《たす》けを求《もと》めにきたユダヤ人《じん》に独断《どくだん》でビザを発給《はっきゅう》したんだ。

すごく勇気《ゆうき》のある人《ひと》なんだね！
ぼくだったらビビッちゃうよ～

こまっている人《ひと》を見《み》すごすことができなかったのね

そんなにいいことをしたのに、どうして批判《ひはん》されたの？

ほめてあげればいいのに

ビザの発給《はっきゅう》というのは、国《くに》と国《くに》との取り決《き》め。それを千畝《ちうね》がひとりの判断《はんだん》でやったことを、国《くに》として認《みと》めるわけにはいかなかったんだね。中《なか》には、「ユダヤ人《じん》からお金《かね》をもらってやったんだ」とかげ口《ぐち》をいう人《ひと》もいたけれど、千畝《ちうね》はいいわけしなかったんだ。

国《くに》と国《くに》との決《き》まりも大切《たいせつ》だけど、人《ひと》の命《いのち》はそれより大切《たいせつ》よね
ぼくだったら、かげ口《ぐち》をいわれたらいい返《かえ》しちゃうけどなあ

何人《なんにん》くらいの人《ひと》を助《たす》けたの？

たくさんいたのかなあ

千畝《ちうね》が発給《はっきゅう》したビザは2139通《つう》。
ひとりでも多《おお》くの人《ひと》を救《すく》うため、日本《にほん》に帰《かえ》るときは、列車《れっしゃ》が発車《はっしゃ》する間際《まぎわ》までビザを書《か》き続《つづ》けて、列車《れっしゃ》の窓《まど》から手《て》わたしたそうだよ。

列車《れっしゃ》に乗《の》ったらお弁当《べんとう》食《た》べたくなっちゃうけど
もう…、そんな状況《じょうきょう》じゃないでしょ！

コラム

世界《せかい》を変《か》えた！ 日本人《にほんじん》のノーベル賞受賞者《しょうじゅしょうしゃ》たち

世界的《せかいてき》な賞《しょう》であるノーベル賞《しょう》。日本人《にほんじん》でもたくさんの人《ひと》が受賞《じゅしょう》しているよ。人《ひと》の役《やく》に立《た》ちたい、人《ひと》を救《すく》いたい、人《ひと》を幸《しあわ》せにしたいという思《おも》いと、地道《じみち》な努力《どりょく》によって成《な》し遂《と》げた偉業《いぎょう》だね。

★山中伸弥《やまなかしんや》

京都大学《きょうとだいがく》iPS細胞《アイピーエスさいぼう》研究所所長《けんきゅうじょしょちょう》
2012年《ねん》ノーベル生理学《せいりがく》・医学賞受賞《いがくしょうじゅしょう》
（ジョン・ガードンと共同受賞《きょうどうじゅしょう》）
（1962～）

山中先生《やまなかせんせい》は、若手《わかて》の研究者《けんきゅうしゃ》の育成《いくせい》にも力《ちから》を入《い》れていて、すぐれた研究者《けんきゅうしゃ》であると同時《どうじ》に、すぐれた教育者《きょういくしゃ》でもあるんだよ。

ｉＰＳ細胞《アイピーエスさいぼう》とは、体《からだ》のさまざまな組織《そしき》や臓器《ぞうき》になりうる細胞《さいぼう》のこと。これをつくり出《だ》したことで、ノーベル賞《しょう》を受賞《じゅしょう》したんだよ。

このｉＰＳ細胞《アイピーエスさいぼう》を使《つか》えば、病気《びょうき》やけがで失《うしな》ってしまった体《からだ》の部位《ぶい》や臓器《ぞうき》でも、自分《じぶん》のほかの部分《ぶぶん》の細胞《さいぼう》を使《つか》って**移植《いしょく》**することができるようになるんだ。だから、**再生医療《さいせいいりょう》**や不治《ふじ》の病《やまい》の治療《ちりょう》など、大《おお》きな期待《きたい》がよせられているんだよ。がんや認知症《にんちしょう》など、治《なお》すのがむずかしいとされている病気《びょうき》の治療法《ちりょうほう》も、見《み》つかるかもしれないよね。

ｉＰＳ細胞《アイピーエスさいぼう》は、医療《いりょう》の発達《はったつ》という言葉《ことば》ではいい表《あらわ》せない、すごい発見《はっけん》なんだよ。わたしたち人間《にんげん》の生《い》き方《かた》を変《か》える可能性《かのうせい》もあり、また、生命《せいめい》のなぞをとき明《あ》かす可能性《かのうせい》だってある。奇跡《きせき》といわれていたことが本当《ほんとう》になるかもしれない、大発見《だいはっけん》なんだ。

それはすごい！
じゃあ、もっと足《あし》が長《なが》くなりたいと思《おも》ったら、iPS細胞《アイピーエスさいぼう》でビヨーンってのびるかな？

そんなはずかしいこと、大《おお》きな声《こえ》でいわないでよ！

★湯川秀樹《ゆかわひでき》

理論物理学者《りろんぶつりがくしゃ》
1949年《ねん》ノーベル物理学賞受賞《ぶつりがくしょうじゅしょう》
（1907～1981）

研究《けんきゅう》ももちろんすごいんだけど、世界《せかい》の平和《へいわ》のために活動《かつどう》していたところが尊敬《そんけい》できるよね。

日本人初《にほんじんはつ》のノーベル賞受賞者《しょうじゅしょうしゃ》が湯川秀樹《ゆかわひでき》。
湯川《ゆかわ》の研究《けんきゅう》は**「中間子《ちゅうかんし》の存在《そんざい》」**。物質《ぶっしつ》を細《こま》かく分《わ》けると原子《げんし》になるんだ。その原子《げんし》はさらに電子《でんし》と原子核《げんしかく》に分《わ》かれ、原子核《げんしかく》は陽子《ようし》と中性子《ちゅうせいし》に分《わ》かれるんだよ。
湯川《ゆかわ》は、その陽子《ようし》と中性子《ちゅうせいし》を結《むす》びつけている「中間子《ちゅうかんし》」という粒子《りゅうし》の存在《そんざい》を予言《よげん》したんだ。後《のち》にそれが本当《ほんとう》だと証明《しょうめい》されて、ノーベル賞《しょう》を受賞《じゅしょう》したんだ。
湯川《ゆかわ》は小《ちい》さいころから本《ほん》を読《よ》むのが好《す》きで、大学《だいがく》に入《はい》ってから理論物理学《りろんぶつりがく》を勉強《べんきょう》することに決《き》めたんだ。兄《あに》も弟《おとうと》も学者《がくしゃ》だよ。
ノーベル賞《しょう》を受賞《じゅしょう》した1949年《ねん》は、終戦《しゅうせん》からわずか４年《ねん》後《ご》。当時《とうじ》の日本人《にほんじん》を元気《げんき》づける明《あか》るいニュースだったんだね。また、アメリカで**アインシュタイン**と出会《であ》ったことで、**核兵器《かくへいき》の廃絶《はいぜつ》**や**平和運動《へいわうんどう》**にも力《ちから》を入《い》れた人《ひと》なんだよ。

原子《げんし》とか陽子《ようし》とか、
そんな小《ちい》さいものを
よく研究《けんきゅう》できたよね。
ぼくなんか、
目《め》がチカチカしちゃうよ～
あのね、
そういう小《ちい》さいものは
電子顕微鏡《でんしけんびきょう》で見《み》るものなのよ

★小柴昌俊《こしばまさとし》

物理学者《ぶつりがくしゃ》

2002年《ねん》ノーベル物理学賞受賞《ぶつりがくしょうじゅしょう》

(1926 ~)

人間《にんげん》の目《め》には見《み》えないものの重《おも》さを証明《しょうめい》したんだ。科学《かがく》の可能性《かのうせい》を感《かん》じるよね。

子《こ》どものときに小児《しょうに》まひにかかり、その後遺症《こういしょう》で音楽家《おんがくか》や軍人《ぐんじん》になるという夢《ゆめ》をあきらめたんだって。その代《か》わり物理学《ぶつりがく》の本《ほん》を読《よ》んで興味《きょうみ》を持《も》ったんだそう。ノーベル賞《しょう》では、世界《せかい》ではじめて素粒子《そりゅうし》**「ニュートリノ」**を**「カミオカンデ」**という巨大《きょだい》な水槽《すいそう》のような装置《そうち》を地下《ちか》につくって観測《かんそく》したこと、「スーパーカミオカンデ」によって「ニュートリノ」に重《おも》さがあることを確認《かくにん》したことが評価《ひょうか》されたんだ。

「カミオカンデ」って、「紙《かみ》をかんで」かと思《おも》っちゃった!なんで紙《かみ》なんてかむんだろうね、へへっ

岐阜県《ぎふけん》の神岡鉱山《かみおかこうざん》の地下《ちか》につくったから「カミオカンデ」なのよ。世界的《せかいてき》な研究施設《けんきゅうしせつ》に、そんなに適当《てきとう》に名前《なまえ》をつけるわけないでしょ

★大村智《おおむらさとし》

北里大学特別栄誉教授《きたさとだいがくとくべつえいよきょうじゅ》

2015年《ねん》ノーベル生理学《せいりがく》・医学賞受賞《いがくしょうじゅしょう》

(1935 ~)

大村先生《おおむらせんせい》の研究《けんきゅう》は、現代《げんだい》の人《ひと》たちを救《すく》うものなんだ。3億人《おくにん》を救《すく》うなんて、神様《かみさま》みたいな人《ひと》だよね。

静岡県内《しずおかけんない》の土《つち》の中《なか》から、寄生虫《きせいちゅう》によって引《ひ》き起《お》こされる感染症《かんせんしょう》を治療《ちりょう》する効果《こうか》のある**「エバーメクチン」**という化合物《かごうぶつ》を発見《はっけん》した人《ひと》。それが後《のち》に**「イベルメクチン」**という**治療薬《ちりょうやく》**になったんだ。
アフリカを中心《ちゅうしん》に、この感染症《かんせんしょう》で失明《しつめい》する人《ひと》が多《おお》かったんだけれど、「イベルメクチン」のおかげで年間《ねんかん》3億人《おくにん》もの人《ひと》が救《すく》われているんだよ。

3億人《おくにん》もの人《ひと》を救《すく》う薬《くすり》を発明《はつめい》したなんて、神様《かみさま》みたいな人《ひと》だね。それに、その元《もと》になるものが日本《にほん》の土《つち》の中《なか》にあったっていうのもおどろき!

そうよね! 日本《にほん》の土《つち》が、遠《とお》いアフリカの人《ひと》たちの命《いのち》を救《すく》うって考《かんが》えたら、世界《せかい》はつながっているんだなって思《おも》うわよね

★川端康成《かわばたやすなり》

作家《さっか》
1968年《ねん》ノーベル文学賞受賞《ぶんがくしょうじゅしょう》
(1899〜1972)

日本《にほん》という国《くに》の良《よ》さを文学《ぶんがく》という形《かたち》で表現《ひょうげん》した川端《かわばた》の小説《しょうせつ》は、今《いま》でもたくさんの人《ひと》に読《よ》まれているよ。

日本《にほん》の美《び》や日本人《にほんじん》の心《こころ》を描《えが》いた、近現代文学《きんげんだいぶんがく》を代表《だいひょう》する作家《さっか》のひとり。ノーベル賞《しょう》の対象《たいしょう》となった作品《さくひん》は、**『雪国《ゆきぐに》』**や**『古都《こと》』**など。日《に》本人《ほんじん》の心《こころ》をすぐれた感性《かんせい》で表現《ひょうげん》したこと、また、小説《しょうせつ》の英訳《えいやく》もたくさん出《で》ていたことで、東洋《とうよう》と西洋《せいよう》のかけ橋《はし》になったと評価《ひょうか》されたんだ。ノーベル賞受賞記念《しょうじゅしょうきねん》の**「美《うつく》しい日本《にほん》の私《わたし》」**という講演《こうえん》では、日《に》本古来《ほんこらい》の和歌《わか》などを引用《いんよう》しながら話《はなし》をしたんだよ。

「国境《こっきょう》の長《なが》いトンネルを抜《ぬ》けると雪国《ゆきぐに》であった。夜《よる》の底《そこ》が白《しろ》くなった」っていうのが、『雪国《ゆきぐに》』の有名《ゆうめい》な書《か》き出《だ》しよね

そのくらい、ぼくにも書《か》けるよ！「学校《がっこう》の長《なが》い階段《かいだん》を下《お》りると給食室《きゅうしょくしつ》であった。お腹《なか》の底《そこ》がグーッと鳴《な》った」とかね！

★大江健三郎《おおえけんざぶろう》

作家《さっか》
1994年《ねん》ノーベル文学賞受賞《ぶんがくしょうじゅしょう》
(1935〜)

人間《にんげん》が生《い》きる上《うえ》で大切《たいせつ》なことは何《なに》かを小説《しょうせつ》で描《えが》いているんだ。みんなもいつか読《よ》んでみてほしいな。

大学生《だいがくせい》のときから作家《さっか》として活躍《かつやく》していた人《ひと》。大江《おおえ》さんには障《しょう》がいのある息子《むすこ》さんがいて、自身《じしん》の親子関係《おやこかんけい》をテーマにした作品《さくひん》をいくつか書《か》いているんだ。個人的《こじんてき》な問題《もんだい》を深《ふか》くほり下《さ》げて描《えが》くことで、ほかの人《ひと》たちも共感《きょうかん》できる大切《たいせつ》なことを小説《しょうせつ》として表現《ひょうげん》しているのがすごいんだね。受賞講演《じゅしょうこうえん》では、川端《かわばた》の「美《うつく》しい日本《にほん》の私《わたし》」を元《もと》に、**「あいまいな日本《にほん》の私《わたし》」**というタイトルで話《はなし》をしたんだよ。

「あいまいな日本《にほん》の私《わたし》」っていうのは、大江《おおえ》さんの批評精神《ひひょうせいしん》の表《あらわ》れでもあったのね

ぼくだったら、「今日《きょう》も元気《げんき》だ日本《にほん》の私《わたし》」かな！

世界《せかい》で評価《ひょうか》された監督《かんとく》！

日本映画《にほんえいが》が世界《せかい》に認《みと》められるようになったきっかけをつくったのが黒澤明《くろさわあきら》。はげしい合戦《かっせん》のシーンを迫力《はくりょく》ある映像《えいぞう》で撮《と》り、また、人《ひと》の心《こころ》の複雑《ふくざつ》さを丁寧《ていねい》に描《えが》いたすばらしい作品《さくひん》をつくったことで、海外《かいがい》の監督《かんとく》からも尊敬《そんけい》されているんだよ。

映画館
中学《ちゅうがく》卒業《そつぎょう》したら絵《え》の勉強《べんきょう》する！
黒澤明《くろさわあきら》
絵《え》はあきらめた！助監督《じょかんとく》に応募《おうぼ》だ！
そして1943年《ねん》監督《かんとく》デビュー作品《さくひん》もヒット
『羅生門《らしょうもん》』を撮《と》り世界《せかい》の映画賞《えいがしょう》を受賞《じゅしょう》
フー
世界《せかい》のクロサワ!!
『七人の侍《しちにんのさむらい》』も大《だい》ヒットだ!!
国内外《こくないがい》で高《たか》く評価《ひょうか》されるように

黒《くろ》澤《さわ》明《あきら》

映画監督《えいがかんとく》
（1910～1998）

外国《がいこく》の人《ひと》は時代劇《じだいげき》とかわかるのかなあ
物語《ものがたり》の良《よ》さは万国共通《ばんこくきょうつう》なのよ。外国《がいこく》の人《ひと》が日本《にほん》に「サムライ」のイメージを持《も》っているのは、黒澤監督《くろさわかんとく》の映画《えいが》を見《み》ているからかもね

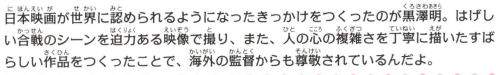

映画《えいが》をつくる才能《さいのう》って、どうやって身《み》についたのかなあ？

学校《がっこう》とかで習《なら》うの？

黒澤《くろさわ》が13歳《さい》のときに、関東大震災《かんとうだいしんさい》があったんだ。たくさんの人《ひと》が亡《な》くなっているところを、お兄《にい》さんに「よく見《み》るんだ」といわれて見《み》たんだそう。こわいものからも目《め》をそむけず、自分《じぶん》の目《め》で見《み》ることを学《まな》んだから、物事《ものごと》をしっかり観察《かんさつ》して映画《えいが》として描《えが》くことができるようになったんじゃないかな。

すごいね。ぼくだったら目《め》をつぶっちゃうよー

こわいけど、実際《じっさい》に起《お》こったことだもんね。しっかりと見《み》て受《う》けとめるって大事《だいじ》よね

「世界《せかい》のクロサワ」ってよばれるようになったのはなぜ？

賞《しょう》とかいっぱいとったから？

『羅生門《らしょうもん》』という作品《さくひん》で、ベネチア国際映画祭《こくさいえいがさい》のグランプリをとったことがきっかけだよ。この原作《げんさく》は、芥川龍之介《あくたがわりゅうのすけ》の『藪《やぶ》の中《なか》』という短編小説《たんぺんしょうせつ》なんだ。迫力《はくりょく》のある映像《えいぞう》で、人間《にんげん》の奥底《おくそこ》を描《えが》いた名作《めいさく》。日本国内《にほんこくない》よりも海外《かいがい》で先《さき》に評価《ひょうか》されたんだ。

日本《にほん》にこんなにすばらしい映画《えいが》があるって、世界《せかい》に証明《しょうめい》したのね！

海外《かいがい》の人《ひと》は、侍《さむらい》の言葉《ことば》がわかったのかな…。あ、英語《えいご》で見《み》るのか

海外《かいがい》の映画監督《えいがかんとく》からも尊敬《そんけい》されているの？

ぼくも知《し》っている人《ひと》かなあ？

『ジュラシック・パーク』のスティーブン・スピルバーグや『スター・ウォーズ』のジョージ・ルーカスは、黒澤《くろさわ》に影響《えいきょう》を受《う》けたといっているよ。クリント・イーストウッドは、黒澤《くろさわ》の『用心棒《ようじんぼう》』という作品《さくひん》のリメイクで『荒野《こうや》の用心棒《ようじんぼう》』という作品《さくひん》をつくっているんだ。世界《せかい》で活躍《かつやく》する監督《かんとく》たちが尊敬《そんけい》する監督《かんとく》なんだね。

関《かか》わりの深《ふか》い偉人《いじん》

小津安二郎《おづやすじろう》

(1903～1963)

黒澤《くろさわ》とは対照的《たいしょうてき》に、親子関係《おやこかんけい》や娘《むすめ》の結婚《けっこん》など家族《かぞく》をテーマに作品《さくひん》をつくった監督《かんとく》。絵画《かいが》のように美《うつく》しい場面《ばめん》を撮《と》ることで知《し》られているよ。

代表作《だいひょうさく》は『東京物語《とうきょうものがたり》』や『秋刀魚《さんま》の味《あじ》』。芸術性《げいじゅつせい》の高《たか》さと人物《じんぶつ》を深《ふか》く描《えが》く手法《しゅほう》で、小津《おづ》も国内外《こくないがい》の監督《かんとく》たちに影響《えいきょう》をあたえているんだ。

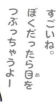

芸能《げいのう》

テレビ女優《じょゆう》第《だい》一《いち》号《ごう》！

黒《くろ》柳《やなぎ》徹《てつ》子《こ》

女優《じょゆう》、司会者《しかいしゃ》
（1933～）

黒柳徹子《くろやなぎてつこ》さんは、テレビに出《で》る女優《じょゆう》さんとしての第一号《だいいちごう》！　テレビ司会者《しかいしゃ》としてのギネス記録《きろく》も持《も》っていて、本《ほん》もベストセラー、社会貢献《しゃかいこうけん》も積極的《せっきょくてき》にしているよ。長《なが》い間《あいだ》テレビの第一線《だいいっせん》で活躍《かつやく》しているね。

問題《もんだい》児《じ》すぎて手《て》におえない！退学《たいがく》だ!!
黒柳徹子《くろやなぎてつこ》
1953年《ねん》テレビ女優第一号《じょゆうだいいちごう》のひとりとしてNHK《エヌエイチケー》に入《はい》る
1976年《ねん》『徹子《てつこ》の部屋《へや》』スタート
1981年《ねん》『窓《まど》ぎわのトットちゃん』出版《しゅっぱん》
戦後最大《せんごさいだい》のベストセラーに
窓ぎわのトットちゃん

小学校《しょうがっこう》を退学《たいがく》って、
そんな問題児《もんだいじ》だったんだ…。
それにくらべたら、
ぼくなんていい子《こ》だなあ

でも、転校《てんこう》した学校《がっこう》がとても
あっていたみたいだから、
よかったのかもね

『徹子《てつこ》の部屋《へや》』って何回《なんかい》くらい続《つづ》いているの？

ぼくも見《み》たことあるよ！

2015年《ねん》に放送回数《ほうそうかいすう》が１万回《まんかい》をこえたんだ。「同一《どういつ》の司会者《しかいしゃ》による番組《ばんぐみ》の最多放送回数記録《さいたほうそうかいすうきろく》」としてギネス世界記録《せかいきろく》にもなってるんだよ！

黒柳《くろやなぎ》さんはとても勉強家《べんきょうか》で、ゲストのことを事前《じぜん》にたくさん調《しら》べて、手書《てが》きで資料《しりょう》を用意《ようい》しているんだ。そういう準備《じゅんび》を１万回続《まんかいつづ》けていることにも頭《あたま》が下《さ》がるね。

その場《ば》で思《おも》ったことを自由《じゆう》にしゃべっているのかと思《おも》ってた

そういうかげの努力《どりょく》がとても大切《たいせつ》なのね。見習《みなら》わなきゃ！

芸能以外《げいのういがい》の活動《かつどう》もしているの？

いろいろやっていて、すごいね

黒柳《くろやなぎ》さんは、1984年《ねん》から「ユニセフ親善大使《しんぜんたいし》」として活動《かつどう》しているよ。ユニセフとは、世界中《せかいじゅう》の子《こ》どもの命《いのち》と健康《けんこう》を守《まも》るための国連機関《こくれんきかん》。黒柳《くろやなぎ》さんは、その親善大使《しんぜんたいし》としてアジアではじめて任命《にんめい》されたんだよ。

今《いま》でも毎年世界《まいとしせかい》の国々《くにぐに》を視察《しさつ》して、子《こ》どもたちとふれあっているんだ。

子《こ》どものために活動《かつどう》するなんて、ますます尊敬《そんけい》しちゃう！

よし、ぼくも親善大使《しんぜんたいし》になろう！ あ、立候補《りっこうほ》するんじゃなかったっけ…

『窓《まど》ぎわのトットちゃん』ってベストセラーなの？

学校《がっこう》の図書館《としょかん》にもあるかなー

戦後《せんご》に出《で》た本《ほん》としては、今《いま》だに『窓《まど》ぎわのトットちゃん』が一位《いちい》なんだよ。当時《とうじ》は「トットちゃんブーム」が起《お》こり、世界中《せかいじゅう》で翻訳《ほんやく》されているんだ。

黒柳《くろやなぎ》さんの小学校時代《しょうがっこうじだい》がテーマで、小説《しょうせつ》ではなくて実際《じっさい》にあったことが書《か》かれているのが特徴《とくちょう》だよ。

転校《てんこう》した学校《がっこう》でのことが書《か》かれているのね

「問題児《もんだいじ》」を受《う》け入《い》れるってことは、おもしろい学校《がっこう》なのかもね。ぼくも転校《てんこう》しようかなー。へへっ

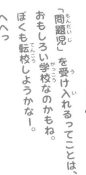

性別《せいべつ》をこえて大活躍《だいかつやく》！

歌《うた》とお芝居《しばい》で多《おお》くの人《ひと》をひきつけ、その芸術性《げいじゅつせい》の高《たか》さが国内外《こくないがい》で認《みと》められている美輪《みわ》明宏《あきひろ》さん。性的《せいてき》マイノリティー「LGBT《エルジービーティー》」のさきがけでもあり、差別《さべつ》意識《いしき》を実力《じつりょく》で乗《の》りこえた人《ひと》でもあるんだ。

小学校《しょうがっこう》のころから声楽《せいがく》を習《なら》い
音大《おんだい》付属《ふぞく》高校《こうこう》を中退《ちゅうたい》し16歳《さい》でプロの歌手《かしゅ》に
男性《だんせい》女性《じょせい》の性別《せいべつ》をこえる魅力《みりょく》で人気《にんき》に！
1957年《ねん》に『メケ・メケ』が大《だい》ヒット
寺山修司《てらやましゅうじ》や三島由紀夫《みしまゆきお》の舞台《ぶたい》作品《さくひん》に出演《しゅつえん》
スバラシイ！
完璧《かんぺき》だ
絶賛《ぜっさん》される
現在《げんざい》も歌手《かしゅ》として俳優《はいゆう》としてまた声優《せいゆう》としても幅広《はばひろ》く活動《かつどう》している
歌手
俳優
声優

美輪《みわ》明宏《あきひろ》

シンガーソングライター、俳優《はいゆう》
（1935～）

すごいはなやかな人《ひと》だね。髪《かみ》が黄色《きいろ》いからかな？
性別《せいべつ》をこえて活躍《かつやく》しているのは、すばらしいわよね

美輪《みわ》さんって、どんな人《ひと》なの？

きれいな人《ひと》ってことはわかるけど

美輪《みわ》さんは、元々《もともと》は男性《だんせい》として生《う》まれたんだけれど、女性《じょせい》として生《い》きていきたいと思《おも》っていたんだ。でも昔《むかし》は、それが差別《さべつ》の対象《たいしょう》になっていたんだよね。16歳《さい》で高校《こうこう》をやめて、性別《せいべつ》も国籍《こくせき》も年《ねん》齢《れい》もひみつにして歌手《かしゅ》デビューしたら、その美貌《びぼう》とファッションでものすごく人気《にんき》になったんだよ。

ひみつがたくさんあったから、それも不思議《ふしぎ》な魅力《みりょく》になったのね

ぼくもそんな美少年《びしょうねん》に生《う》まれたかったなあ

今《いま》は、男性《だんせい》でもあり女性《じょせい》でもある人《ひと》が、たくさんテレビに出《で》てるよね？

けっこう見《み》ちゃうんだよねー

今《いま》は、昔《むかし》にくらべたら差別《さべつ》が少《すく》なくなってきたかもしれないね。そのさきがけが美輪《みわ》さんなんだよ。圧倒的《あっとうてき》な歌唱力《かしょうりょく》と芝《しば》居《い》で人々《ひとびと》をひきつけ、芸術性《げいじゅつせい》と実力《じつりょく》の高《たか》さで差別《さべつ》を乗《の》りこえたんだね。

すてきねー。自分《じぶん》の信念《しんねん》をつらぬいて、多《おお》くの人《ひと》を感動《かんどう》させるなんて

歌《うた》って演《えん》じるだけじゃなくて、歌《うた》をつくったり演劇《えんげき》の演出《えんしゅつ》もするんだよね。芸術《げいじゅつ》のセンスがあるんだね！

関《かか》わりの深《ふか》い偉人《いじん》

三《み》島《しま》由《ゆ》紀《き》夫《お》

(1925～1970)

戦後《せんご》の日本文学界《にほんぶんがくかい》を代表《だいひょう》する人《ひと》で、ノーベル文学賞《ぶんがくしょう》の候補《こうほ》にもなったんだ。『仮面《かめん》の告白《こくはく》』や『金閣寺《きんかくじ》』など、作品《さくひん》は今《いま》も読《よ》み継《つ》がれているよ。美輪《みわ》さんとは親《した》しい友人《ゆうじん》としてつきあいが続《つづ》き、美輪《みわ》さんの美《うつく》しさを「天上界《てんじょうかい》の美《び》」とほめたたえたんだ。江戸川乱歩《えどがわらんぽ》原作《げんさく》で、三島《みしま》が脚本《きゃくほん》を書《か》いた『黒蜥蜴《くろとかげ》』にも美輪《みわ》さんは何度《なんど》も出演《しゅつえん》しているよ。

コラム

世界《せかい》で走《はし》った！ 女子《じょし》マラソン選手《せんしゅ》たち

女子《じょし》マラソンが競技《きょうぎ》として認《みと》められるようになったのは１９７０年代《ねんだい》。世界的《せかいてき》には歴史《れきし》の浅《あさ》いスポーツなんだ。日本人女子《にほんじんじょし》は欧米《おうべい》の選手《せんしゅ》にくらべたら体格《たいかく》は小《ち》さいけれど、スタミナとガッツで数々《かずかず》の結果《けっか》を残《のこ》しているよ！

★高橋尚子《たかはしなおこ》

シドニーオリンピック金《きん》メダリスト
(1972 ~)

過酷《かこく》な環境《かんきょう》でも、笑顔《えがお》で走《はし》るすがたが印象的《いんしょうてき》だったね。日本《にほん》の女子《じょし》マラソンの快進撃《かいしんげき》は、高橋《たかはし》さんからはじまったといっても過言《かごん》ではないくらいなんだよ。

「Qちゃん《キュー》」の愛称《あいしょう》で知《し》られる高橋《たかはし》さんは、2000年《ねん》の**シドニーオリンピック**で金《きん》メダルをとった人《ひと》。日本《にほん》の陸上界《りくじょうかい》では、女子《じょし》がオリンピックの金《きん》メダルをとるのは史上初《しじょうはつ》だったんだよ。そして、このときのタイムは２時間《じかん》23分《ぷん》14秒《びょう》で、当時《とうじ》のオリンピック女子《じょし》マラソンの最高記録《さいこうきろく》だったんだ。

翌年《よくとし》2001年《ねん》のベルリンマラソンでは、２時間《じかん》19分《ふん》46秒《びょう》の当時《とうじ》世界最高記録《せかいさいこうきろく》で優勝《ゆうしょう》。このときが、日本女子《にほんじょし》マラソン選手《せんしゅ》が、はじめて世界記録《せかいきろく》を更新《こうしん》したときでもあったんだよ。

高橋《たかはし》さんは、陸上日本女子選手《りくじょうにほんじょしせんしゅ》として**史上初《しじょうはつ》の金《きん》メダル**、**史上初《しじょうはつ》の世界記録樹立《せかいきろくじゅりつ》**という、すごい成績《せいせき》を残《のこ》した人《ひと》なんだ。シドニーオリンピックで走《はし》り終《お》わったときも「すごく楽《たの》しい42キロでした」と笑顔《えがお》で語《かた》っていて、マラソンの楽《たの》しさを伝《つた》えた人《ひと》でもあるんだね。

マラソンっていっても、目《め》の前《まえ》で見《み》るとものすごいスピードで走《はし》っているよね。ぼくの全速力《ぜんそくりょく》より速《はや》いよ~
その速《はや》さで42キロ走《はし》るのに、笑顔《えがお》でいられるっていうのはすてきよね

★野口《のぐち》みずき

アテネオリンピック
金《きん》メダリスト
（1978～）

小《ちい》さい体《からだ》でパワフルに走《はし》る野口《のぐち》さんに、勇気《ゆうき》をもらったね。がんばればできることを教《おし》えてくれた人《ひと》だよ。

高橋尚子《たかはしなおこ》さんが金《きん》メダルをとったシドニーオリンピックの次《つぎ》、2004年《ねん》の**アテネオリンピック**で金《きん》メダルをとったのが、野口《のぐち》さん。野口《のぐち》さんは、その翌年《よくとし》のベルリンマラソンでは2時間《じかん》19分《ふん》12秒《びょう》の大会新《たいかいしん》記録《きろく》で優勝《ゆうしょう》。つまり、日本女子《にほんじょし》マラソンの最高記録《さいこうきろく》を持《も》っているのが野口《のぐち》さんなんだよ。野口《のぐち》さんは、「走《はし》った距離《きょり》は裏切《うらぎ》らない」といっていて、この言葉《ことば》は努力《どりょく》の大切《たいせつ》さを伝《つた》えているんだね。

がんばって走《はし》ったことは、必《かなら》ず結果《けっか》に結《むす》びつくってことよね。自分《じぶん》のやっていることを信《しん》じるのは大切《たいせつ》！

よし！ ぼくも走《はし》ってみよう！
…明日《あした》から。
（いや、明日《あした》は雨《あめ》がふりそうだから、明後日《あさって》…。あ、来週《らいしゅう》から…）

★有森裕子《ありもりゆうこ》

バルセロナオリンピック
銀《ぎん》メダリスト
（1966～）

今《いま》はプロのマラソンランナーとして、たくさんの人《ひと》たちに走《はし》ることの楽《たの》しさを教《おし》えることで貢献《こうけん》しているんだね。

有森《ありもり》さんは、高橋尚子《たかはしなおこ》さんよりも前《まえ》の1992年《ねん》、**バルセロナオリンピック**で銀《ぎん》メダルを獲得《かくとく》したんだ。そして次《つぎ》の1996年《ねん》**アトランタオリンピック**では銅《どう》メダル。日本女子陸上界《にほんじょしりくじょうかい》ではじめて、オリンピック2大会連続《たいかいれんぞく》でメダルを獲得《かくとく》したんだよ。銅《どう》メダルをとったときの、「はじめて自分《じぶん》で自分《じぶん》をほめたいと思《おも》います」という言葉《ことば》は有名《ゆうめい》になったね。**プロのマラソンランナー第一号《だいいちごう》**でもあるよ。

ぼくは毎日《まいにち》自分《じぶん》のことをほめてるけどなー。
朝起《あさお》きてえらい！
学校《がっこう》に行《い》ってえらい！
ご飯《はん》を残《のこ》さず食《た》べてえらい！ってね

それって、幼稚園児《ようちえんじ》とかにほめることじゃないの？
お兄《にい》ちゃん、大人《おとな》になっても同《おな》じこといってそう…

芸術《げいじゅつ》

歌舞伎《かぶき》をはじめた人《ひと》!

今《いま》でいう「歌舞伎《かぶき》」をはじめたといわれているのが出雲《いずも》の阿国《おくに》。安土桃山時代《あづちももやまじだい》の人《ひと》で、その生涯《しょうがい》ははっきりと文献《ぶんけん》などには残《のこ》っていないんだ。男性《だんせい》が演《えん》じる歌舞伎《かぶき》をはじめたのは、実《じつ》は女性《じょせい》だったというのはおもしろいね。

出雲《いずも》の阿国《おくに》

女芸能者《おんなげいのうしゃ》
(16世紀後期《せいきこうき》〜17世紀前期《せいきぜんき》)

鍛冶屋《かじや》の娘《むすめ》に生《う》まれ出雲大社《いずもたいしゃ》の巫女《みこ》となる
寄付《きふ》を集《あつ》めるためおどりをしながら巡業《じゅんぎょう》をする
春日大社《かすがたいしゃ》で「ややこおどり」というおさない子《こ》どものおどりをして…
武士《ぶし》の格好《かっこう》をしておどる「かぶきおどり」をはじめる
女《おんな》だけど武士《ぶし》を演《えん》じるわ
その後《ご》江戸時代《えどじだい》に入《はい》って女性《じょせい》が舞台《ぶたい》に立《た》つことが禁止《きんし》される
女性が舞台に立つの禁止令
そのため、江戸城《えどじょう》でおどったのを最後《さいご》に消息《しょうそく》がとだえた

ずいぶん、なぞの多《おお》い女性《じょせい》ね…
小《ち》さいころからおどって寄付《きふ》を集《あつ》めてたなんて、しっかりした子《こ》だなあ
(ぼくとちがって)

「かぶきおどり」の「かぶき」ってどういう意味《いみ》？

「かぶる」とはちがうの？

これは「かぶく」という動詞《どうし》で、「頭《あたま》をかたむける」という意味《いみ》もあるんだけれど、そこから「普通《ふつう》ではない」という意味《いみ》になったんだ。「かぶき者《もの》」といえば、派手《はで》な身《み》なりをして常識的《じょうしきてき》ではない行動《こうどう》をする者《もの》のこと。女性《じょせい》である阿国《おくに》が男性《だんせい》の格好《かっこう》をしておどったのを「かぶきおどり」といったんだね。

こんなふうに
ヘンなおどりをすることを
「かぶきおどり」って
いうんだね

それは、ただヘンテコな
だけじゃないかしら…

「かぶきおどり」は、今《いま》の歌舞伎《かぶき》とも関係《かんけい》あるの？

名前《なまえ》が同《おな》じだしね

そう！　いいところに目《め》をつけたね。
女性《じょせい》が武士《ぶし》の格好《かっこう》をするのが「かぶきおどり」で、これは後《のち》に「女歌舞伎《おんなかぶき》」となったんだ。そして「女歌舞伎《おんなかぶき》」が禁《きん》じられると若《わか》い男性《だんせい》がおどる「若衆歌舞伎《わかしゅうかぶき》」となり、それもまた禁《きん》じられたので、男性《だんせい》がおどる「野郎歌舞伎《やろうかぶき》」になった。これが今《いま》の「歌舞伎《かぶき》」の元《もと》なんだよ。

今《いま》の歌舞伎《かぶき》は
男性《だんせい》だけだけど、
元々《もともと》は女性《じょせい》がおどっていた
ものなのね

ぼくもできるかな！

関《かか》わりの深《ふか》い偉人《いじん》

五代目《ごだいめ》　坂東玉三郎《ばんどうたまさぶろう》

(1950 ～)

小児《しょうに》まひの後遺症《こういしょう》のリハビリのために舞踊《ぶよう》をはじめ、舞踊《ぶよう》に目覚《めざ》めた玉三郎《たまさぶろう》は、14歳《さい》で歌舞伎役者《かぶきやくしゃ》の養子《ようし》になったんだ。
日本《にほん》を代表《だいひょう》する女形《おんながた》（女性《じょせい》の役《やく》を演《えん》じる男性《だんせい》）であり、映画監督《えいがかんとく》や舞台《ぶたい》の演出《えんしゅつ》も手《て》がける、歌舞伎界《かぶきかい》の第一人者《だいいちにんしゃ》だよ。

海《かい》外《がい》で大《だい》人《にん》気《き》の浮《う》世《き》絵《よ》師《え》！

大胆《だいたん》な構図《こうず》と色使《いろづか》いで富士山《ふじさん》を描《えが》いた葛飾北斎《かつしかほくさい》。日本《にほん》だけでなく、海外《かいがい》でも人気《にんき》になったんだ。見《み》たままを繊細《せんさい》に描《えが》く西洋《せいよう》の技法《ぎほう》を見《み》なれていた人《ひと》たちにとって、北《ほく》斎《さい》の思《おも》いきった絵《え》は衝撃的《しょうげきてき》だったんだね。

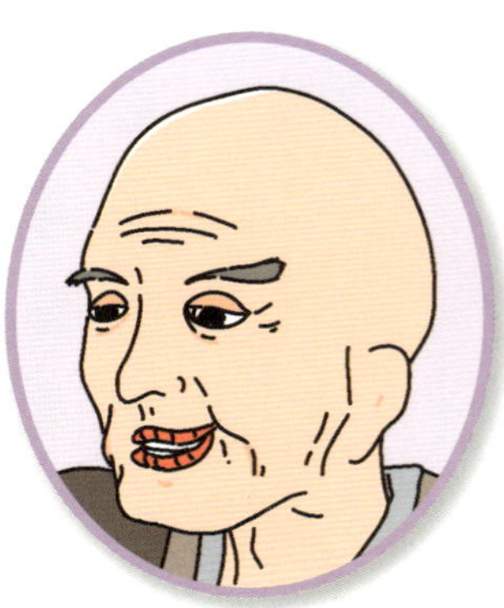

葛《かつ》飾《しか》北《ほく》斎《さい》

画《が》家《か》、浮《う》世《き》絵《よ》師《え》
（1760～1849）

アメリカの雑誌《ざっし》で、「この１０００年間《ねんかん》に偉大《いだい》な業績《ぎょうせき》をあげた世界《せかい》の人物《じんぶつ》１００人《にん》」の中《なか》に、ただひとりの日本人《にほんじん》として選《えら》ばれたんだって！

え～っ！ すごい！
じゃあ、次《つぎ》の１０００年《ねん》ではぼくかなあ。なんちゃって

北斎《ほくさい》は何《なに》がすごいの？

いっぱい絵《え》を描《えが》いたから、とか？

今《いま》、外国《がいこく》では日本《にほん》のマンガやアニメ、ゲームが人気《にんき》だよね。それを「クールジャパン」とよぶんだけれど、北斎《ほくさい》はずっと昔《むかし》に海外《かいがい》で人気《にんき》になっていたから、クールジャパンのさきがけといってもいいんだ。西洋画《せいようが》とはちがう斬新《ざんしん》さがあって、それが評価《ひょうか》されていたんだね。

「クールジャパン」って、寒《さむ》い日本《にほん》って意味《いみ》？
ちがうわよ。「クール」っていうのは「かっこいい」っていう意味《いみ》。「かっこいい日本《にほん》」ってことよ

『富嶽三十六景《ふがくさんじゅうろっけい》』ってどんな絵《え》？

36枚《まい》の絵《え》かなー

おしい！　もともとは36図《ず》の予定《よてい》だったのが、人気《にんき》が出《で》たから46図《ず》になったんだ。一番有名《いちばんゆうめい》なのは『神奈川沖浪裏《かながわおきなみうら》』。ものすごく大《おお》きな波《なみ》の向《む》こうに富士山《ふじさん》が見《み》えるんだ。波《なみ》はリアルに描《えが》かれているのに、風景《ふうけい》としては存在《そんざい》しない絵《え》。でも、迫力《はくりょく》があって見《み》る人《ひと》を圧倒《あっとう》するよ。その大胆《だいたん》さが北斎《ほくさい》の魅力《みりょく》なんだね。

繊細《せんさい》に描《えが》かれている西洋《せいよう》の絵《え》とは、まったくちがうわね
実際《じっさい》には存在《そんざい》しないけど、想像《そうぞう》で大胆《だいたん》に描《えが》いたんだね。よし、ぼくも想像《そうぞう》で描《えが》くぞ！

北斎《ほくさい》って変《か》わった人《ひと》だったの？

絵《え》のことしか考《かんが》えてないから、ヘンな人《ひと》だったのかなー

北斎《ほくさい》は、絵《え》を描《えが》くことに集中《しゅうちゅう》していたから、部屋《へや》のそうじもあまりしなかったんだ。だから、部屋《へや》がよごれると引《ひ》っこしをしていたらしい。一日《いちにち》に３回《かい》も引《ひ》っこしたことがあるなんていわれているんだよ。

関《かか》わりの深《ふか》い偉人《いじん》

歌川広重《うたがわひろしげ》（1797 ～ 1858）

北斎《ほくさい》より年下《としした》の広重《ひろしげ》も、江戸時代《えどじだい》の終《お》わりに人気《にんき》になった浮世絵師《うきよえし》。有名《ゆうめい》なのが、東海道《とうかいどう》という街道《かいどう》の宿場町《しゅくばまち》を描《えが》いた『東海道五十三次《とうかいどうごじゅうさんつぎ》』。また、北斎《ほくさい》を意識《いしき》して描《えが》いたと思《おも》われる『富士三十六景《ふじさんじゅうろっけい》』というのもあるよ。広重《ひろしげ》は「ヒロシゲブルー」といわれるくらい、青色《あおいろ》（藍色《あいいろ》）の使《つか》い方《かた》がうまかったんだ。

芸術

フランスで有名な画家！

芸術大国フランスで、最も有名な日本人画家といわれている藤田嗣治。フランスやベルギーで勲章までもらっているんだ。独特の手法を切り開いた芸術家で、祖国日本では亡くなったあとに評価されるようになったよ。

藤田嗣治（レオナール・フジタ）
画家（1886〜1968）

せっかく日本に帰ってきたのに、批判されたなんてかわいそうだね

芸術として戦争の絵を描いたのに、それが理解されなかったのね…

代表作《だいひょうさく》にはどんなものがあるの？

エッフェル塔《とう》とか
描《えが》いてるのかなー

藤田《ふじた》には、女性《じょせい》や猫《ねこ》を描《えが》いた作品《さくひん》が多《おお》くあるよ。フランスで絶賛《ぜっさん》された代表作《だいひょうさく》は、『寝室《しんしつ》の裸婦《らふ》キキ』という作品《さくひん》。「乳白色《にゅうはくしょく》の肌《はだ》」とよばれた手法《しゅほう》で描《えが》かれていて、おさえた色使《いろづか》いと繊細《せんさい》な線《せん》で女性《じょせい》の優美《ゆうび》さを表《あらわ》す、藤田独自《ふじたどくじ》のものなんだ。

猫《ねこ》と女性《じょせい》を描《えが》くなんて、
やさしい人《ひと》だったのね、
きっと
ぼくも猫《ねこ》なら
得意《とくい》だよ！

批判《ひはん》されたのにどうして反論《はんろん》しなかったの？

ぼくならやっつけちゃう！

藤田《ふじた》が戦争画《せんそうが》を描《えが》いたのは、戦争《せんそう》という事実《じじつ》を描《か》き残《のこ》したいという気持《きも》ちがあったからじゃないかな。真剣《しんけん》に向《む》きあって描《えが》いたからこそ、人々《ひとびと》の心《こころ》を打《う》つ作品《さくひん》になったんだね。わかる人《ひと》がわかってくればいい、批判《ひはん》したい人《ひと》はすればいい。そう思《おも》って反論《はんろん》しなかったのかもね。

芸術《げいじゅつ》として
表現《ひょうげん》したことが
すべて、という
考《かんが》え方《かた》だったのね
うーん、いいわけしない
男《おとこ》はかっこいいな！
ぼくなんていいわけ
ばっかり…トホホ

関《かか》わりの深《ふか》い偉人《いじん》

黒田清輝《くろだせいき》（1866～1924）

藤田《ふじた》と同時代《どうじだい》の画家《がか》で、「近代洋画《きんだいようが》の父《ちち》」とよばれているよ。法律《ほうりつ》の勉強《べんきょう》のためにフランスに行《い》ったんだけれど、そこで画家《がか》になることを決意《けつい》したんだ。

帰国後《きこくご》は、美術学校《びじゅつがっこう》の教授《きょうじゅ》や貴族院《きぞくいん》の議員《ぎいん》にもなって、日本《にほん》の洋画界《ようがかい》をリードする存在《そんざい》になったよ。最《もっと》も有名《ゆうめい》な作品《さくひん》は、重要文化財《じゅうようぶんかざい》に指定《してい》されている『湖畔《こはん》』だよ。

画家《がか》で教授《きょうじゅ》で
議員《ぎいん》なんて、
黒田清輝《くろだせいき》ってなんでも
できた人《ひと》なのね
ぼくだって、
野球《やきゅう》とサッカーと
バスケットボールが
できるよ！

日本《にほん》のマンガを発展《はってん》させた!

今《いま》、世界《せかい》でも注目《ちゅうもく》されている日本《にほん》のマンガ・アニメは、この人《ひと》なくしては語《かた》れない!マンガの新《あら》たな表現技法《ひょうげんぎほう》を生《う》み出《だ》し、また、ストーリーのあるマンガを生《う》み出《だ》した人《ひと》でもあるよ。多《おお》くのマンガ家《か》が尊敬《そんけい》してやまない人《ひと》なんだ。

昆虫大好《こんちゅうだいす》き!!
手塚治《てづかおさむ》
後《のち》にペンネームを「治虫《おさむ》」にする
第二次《だいにじ》世界大戦《せかいたいせん》
一命《いちめい》をとりとめる
その後《ご》漫画家《まんがか》としてデビュー
長編マンガ
新宝島
うまくいかないときもあったけど…この『新宝島《しんたからじま》』が大《だい》ヒットしてよかった!
その後《ご》『鉄腕《てつわん》アトム』や『ジャングル大帝《たいてい》』などアニメーションも大《だい》ヒット!
鉄腕
アトム

手塚治虫《てづかおさむ》

マンガ家《か》
(1928~1989)

はじめから有名《ゆうめい》だったわけではないのね。苦労《くろう》してがんばったから、ヒット作《さく》が生《う》まれたんだわ
苦労《くろう》しないで有名《ゆうめい》になる方法《ほうほう》ってないかなー
あるわけないでしょ

関《かか》わりの深《ふか》い偉人《いじん》たち

藤子不二雄《ふじこふじお》

藤子《ふじこ》・F《エフ》・不二雄《ふじお》（1933～1996）
藤子不二雄《ふじこふじお》Ⓐ《エー》（1934～）

手塚《てづか》が住《す》んでいた「トキワ荘《そう》」の14号室《ごうしつ》に、あとから入《はい》ったのが藤子不二雄《ふじこふじお》。あこがれの手塚《てづか》の使《つか》っていた机《つくえ》でマンガを描《か》いていたんだ。『ドラえもん』の作者《さくしゃ》も、手塚《てづか》のことを神様《かみさま》のように思《おも》って尊敬《そんけい》していたんだよ。

石ノ森章太郎《いしもりしょうたろう》

（1938～1998）

手塚《てづか》に影響《えいきょう》を受《う》けてマンガ家《か》を目指《めざ》し、高校生《こうこうせい》のときに、『鉄腕《てつわん》アトム』を描《えが》いていた手塚《てづか》のアシスタントになったんだ。マンガ家《か》としてのデビュー後《ご》は、『仮面《かめん》ライダー』『サイボーグ009《ゼロゼロナイン》』などを描《えが》いて大人気《だいにんき》になったよ。

いろんなマンガを描《えが》くってことは、いろんな才能《さいのう》があったの？

知《し》らないことは描《えが》けないもんね

手塚《てづか》は、戦争《せんそう》を体験《たいけん》したことで命《いのち》の大切《たいせつ》さが身《み》にしみていたんだね。だから、医学《いがく》の勉強《べんきょう》をして医師《いし》の資格《しかく》も持《も》っていたんだ。神《かみ》の手《て》を持《も》つ医師《いし》が登場《とうじょう》する『ブラック・ジャック』は、医学《いがく》の知識《ちしき》を活《い》かして描《えが》いたんだね。

すごいなー！
マンガ家《か》になるだけでも
たいへんなのに、医師《いし》の
資格《しかく》も持《も》ってたなんて。
どっちかひとつゆずって
ほしいくらいだよ
なりたいものがあったら、
自分《じぶん》で努力《どりょく》しなきゃね

作品《さくひん》のどんなところがすごいの？

おもしろいのはわかるけど…

1952年《ねん》に描《えが》かれた『鉄腕《てつわん》アトム』は、21世紀《せいき》が舞台《ぶたい》で、科学《かがく》の発展《はってん》によって起《お》こる問題《もんだい》も描《えが》いているんだ。今読《いまよ》むと、手塚《てづか》が描《えが》いた通《とお》りになっていることもたくさんあるよ。『ジャングル大帝《たいてい》』には、人間《にんげん》と動物《どうぶつ》がともに生《い》きるにはどうしたらいいかというテーマがあって、これは国《くに》も時代《じだい》もこえて考《かんが》えるべき問題《もんだい》だね。
そういうことをマンガとして表現《ひょうげん》したところが手塚《てづか》のすごいところだよ。

マンガだからって、
ただおもしろい
だけじゃ
ないんだね
マンガで大切《たいせつ》なことを
伝《つた》えようとしたのね

世《せ》界《かい》的《てき》評《ひょう》価《か》の高《たか》い芸《げい》術《じゅつ》家《か》！

世界《せかい》で作品《さくひん》が認《みと》められている女性芸術家《じょせいげいじゅつか》のひとり。作品自体《さくひんじたい》に社会的《しゃかいてき》なメッセージをこめ、世界《せかい》に影響《えいきょう》をあたえたという点《てん》でも、評価《ひょうか》されているんだ。芸術《げいじゅつ》において、自分自身《じぶんじしん》の表現方法《ひょうげんほうほう》を切《き》り開《ひら》いたところがすごいね。

草間彌生《くさまやよい》
10歳《さい》
スケッチ大好《だいす》き
1957年《ねん》にアメリカへ
ニューヨークがわたしの活動《かつどう》の中心《ちゅうしん》よ！
そして1960年代《ねんだい》「前衛《ぜんえい》の女王《じょおう》」とよばれ反戦運動《はんせんうんどう》にも加《くわ》わる
戦争反対《せんそうはんたい》!!
世界的《せかいてき》な芸術家《げいじゅつか》となり2016年《ねん》に文化勲章《ぶんかくんしょう》を受章《じゅしょう》

草《くさ》間《ま》彌《やよ》生《い》

画家《がか》、前衛芸術家《ぜんえいげいじゅつか》（1929～）

子《こ》どものころから好《す》きなことで世界《せかい》から認《みと》められたんだね！

絵《え》を描《えが》くだけじゃなく、戦争反対《せんそうはんたい》とかの社会的《しゃかいてき》な活動《かつどう》をしているのもすごいわよね

どうして水玉《みずたま》を描《えが》いているの？
描《えが》きやすいから？

小《ちい》さいころ、あるはずのないものが見《み》える「幻覚《げんかく》」や、聞《き》こえないはずの音《おと》が聞《き》こえる「幻聴《げんちょう》」に悩《なや》まされていたんだ。それらを絵《え》に描《えが》いていたものが、水玉《みずたま》のモチーフになったといわれているんだよ。自分《じぶん》のためにはじめたことが、やがて世界《せかい》で評価《ひょうか》される芸術《げいじゅつ》になったんだね。

自分《じぶん》のためでも、それを一生《いっしょう》かけてつきつめると大《おお》きな成果《せいか》につながるんだね

お兄《にい》ちゃん、するどい！なんでも一生懸命《いっしょうけんめい》やり続《つづ》けることが大事《だいじ》なのね

前衛芸術《ぜんえいげいじゅつ》ってどんなもの？
なんか普通《ふつう》じゃない感《かん》じはするけど…

前衛芸術《ぜんえいげいじゅつ》というのは、もともとあったもの、「こうあるべき」とされてきたものではなく、新《あたら》しい表現《ひょうげん》を生《う》み出《だ》した芸術《げいじゅつ》のこと。型《かた》やぶりということだね。新《あたら》しいことをはじめると、「そんなものはダメだ」と批判《ひはん》されることもあるけれど、草間《くさま》さんはそれをおそれずにチャレンジし続《つづ》けている人《ひと》なんだよ。

よし！ぼくも新《あたら》しい絵《え》を描《えが》くぞ！

それは、新《あたら》しいのかしら…？ただ適当《てきとう》に描《えが》いてるように見《み》えるけど

関《かか》わりの深《ふか》い偉人《いじん》

岡本太郎《おかもとたろう》（1911～1996）

マンガ家《か》の父《ちち》と、歌人《かじん》で小説家《しょうせつか》の母《はは》という芸術一家《げいじゅついっか》に生《う》まれたんだ。フランスにいるとき、ピカソに強《つよ》い影響《えいきょう》を受《う》けたんだよ。1970（昭和《しょうわ》45）年《ねん》、**大阪《おおさか》の万国博覧会《ばんこくはくらんかい》**のためにつくった**『太陽《たいよう》の塔《とう》』**は、今《いま》でも有名《ゆうめい》だね。テレビのバラエティー番組《ばんぐみ》でも活躍《かつやく》した太郎《たろう》は、**「芸術《げいじゅつ》は爆発《ばくはつ》だ！」**という名言《めいげん》を残《のこ》したんだ。草間《くさま》さんとともに、日本《にほん》を代表《だいひょう》する前衛芸術家《ぜんえいげいじゅつか》として世界《せかい》に知《し》られているよ。

「芸術《げいじゅつ》は爆発《ばくはつ》だ！」ってどんな意味《いみ》？

芸術《げいじゅつ》とは、今《いま》までの当《あ》たり前《まえ》をこわすものだ！ってことじゃないかしら

アニメをドラマにした！

宮崎駿《みやざきはやお》

映画監督《えいがかんとく》、アニメーター（1941～）

子《こ》どもが見《み》るものだった日本《にほん》のアニメーションを、子《こ》どもも大人《おとな》も見《み》て感動《かんどう》できる長編《ちょうへん》ドラマとしてつくりあげた人《ひと》。生《い》きることの大切《たいせつ》さを作品《さくひん》として表現《ひょうげん》し、たくさんの人《ひと》を勇気《ゆうき》づけているよ。海外《かいがい》にもファンがいるね。

体《からだ》が弱《よわ》く
運動《うんどう》が苦手《にがて》だった
宮崎駿《みやざきはやお》
運動できないのに
絵は上手いんだなー
絵《え》はものすごく
上手《じょうず》だった
大学《だいがく》に進学《しんがく》し
アニメーションの
道《みち》に進《すす》むことを決意《けつい》
東映動画《とうえいどうが》（当時《とうじ》）に
入社《にゅうしゃ》
1984年《ねん》
『風《かぜ》の谷《たに》のナウシカ』
がヒット
スタジオジブリ
設立《せつりつ》だ！
トトロ
ナウシカ
魔女の宅急便
数々《かずかず》の作品《さくひん》を
世《よ》に送《おく》り出《だ》す
長編《ちょうへん》アニメから
引退発表《いんたいはっぴょう》するが
キリッ
やっぱり
やめません！
ビリッ
引
退
撤回《てっかい》して制作《せいさく》に
取《と》り組《く》んでいる

ジブリのアニメはどれも好《す》き！
必《かなら》ず見《み》ちゃうわ

しっかりした女《おんな》の子《こ》が
よく出《で》てくるよね。
ぼくもピンチになったら、
ナウシカに助《たす》けてもらいたいな

子《こ》どもが主人公《しゅじんこう》の作品《さくひん》が多《おお》いのかな？

だからぼくたちも
楽《たの》しく見《み》られるんだね

宮崎監督《みやざきかんとく》は、子《こ》どもの視点《してん》で作品《さくひん》をつくることが多《おお》いんだ。それだけ子《こ》どもという存在《そんざい》を大切《たいせつ》に思《おも》っているんだね。記者会見《きしゃかいけん》で、作品《さくひん》を通《とお》して子《こ》どもたちに伝《つた》えたいことは、と聞《き》かれたとき「この世《よ》は生《い》きるに値《あたい》する」と答《こた》えていたよ。つらいことや悲《かな》しいことがあっても、がんばって生《い》きてほしいというメッセージなんだね。

映画《えいが》を見《み》ると勇気《ゆうき》がわいてくるのは、そういうメッセージがあるからなんだね

映画《えいが》の世界《せかい》に入《はい》ってみたいと思《おも》うくらい、楽《たの》しい気持《きも》ちになるのよね

おすすめの作品《さくひん》ってどんなの？

まだ見《み》ていない人《ひと》に
教《おし》えてあげたいな

たくさんあるけれど、小学生《しょうがくせい》のみんなにおすすめしたいのは、この三《みっ》つかな。

『となりのトトロ』

田舎《いなか》に引《ひ》っこした姉妹《しまい》が、不思議《ふしぎ》な生《い》きもの「トトロ」と出会《であ》う物語《ものがたり》。自然《しぜん》とともに生《い》きる田舎《いなか》での日々《ひび》や、子《こ》どもの素直《すなお》なやさしさは、大人《おとな》が見《み》ても心《こころ》を打《う》たれるよ。純粋《じゅんすい》な子《こ》どもだからこそ、トトロと出会《であ》えたんだね。

『もののけ姫《ひめ》』

呪《のろ》いをかけられた青年《せいねん》・アシタカが、その呪《のろ》いをとく旅《たび》に出《で》て「もののけ姫《ひめ》」＝サンに出会《であ》い、人間《にんげん》と神々《かみがみ》との争《あらそ》いに巻《ま》きこまれていく物語《ものがたり》。むごい戦《たたか》いがくり広《ひろ》げられる世界《せかい》でも、生《い》きることの大切《たいせつ》さをうったえているよ。

『千《せん》と千尋《ちひろ》の神隠《かみかく》し』

10歳《さい》の千尋《ちひろ》は、八百万《やおよろず》の神々《かみがみ》の世界《せかい》にまよいこみ、両親《りょうしん》を豚《ぶた》にされてしまう。両親《りょうしん》を助《たす》けるために湯屋《ゆや》で働《はたら》きはじめ、仕事《しごと》をまじめにこなしたり、仲間《なかま》を助《たす》けたりする中《なか》で成長《せいちょう》し、人間《にんげん》の世界《せかい》にもどるという物語《ものがたり》。誠実《せいじつ》で思《おも》いやりのある千尋《ちひろ》に勇気《ゆうき》をもらえるよ。

千尋《ちひろ》ががんばっているすがたを見《み》ると、はげまされるわよねー

ぼくはトトロがいいな。トトロの背中《せなか》に乗《の》ってみたいなー

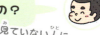

コラム

本場《ほんば》で活躍《かつやく》！ 大《だい》リーグにわたった選手《せんしゅ》たち

日本《にほん》でもアメリカでも活躍《かつやく》する野球選手《やきゅうせんしゅ》がふえているよね。日本人選手《にほんじんせんしゅ》が世界《せかい》でも通用《つうよう》すると証明《しょうめい》するまでには、並々《なみなみ》ならぬ努力《どりょく》があったんだよ。結果《けっか》を出《だ》してはじめて認《みと》められるスポーツの世界《せかい》でがんばる人《ひと》たちには、勇気《ゆうき》をもらえるね。

★野茂英雄《のもひでお》

近鉄《きんてつ》バファローズ→大《だい》リーグ

（1968～）

野茂《のも》さんの活躍《かつやく》によって、日《に》本人選手《ほんじんせんしゅ》が大《だい》リーグに行《い》く道《みち》筋《すじ》ができたんだ。新《あら》たな道《みち》を切《き》り開《ひら》いたという点《てん》では、偉《い》業《ぎょう》といえるね。

野茂《のも》さんは、1995年《ねん》に近鉄《きんてつ》バファローズ（今《いま》のオリックス・バファローズ）から**ロサンゼルス・ドジャース**にピッチャーとして入《はい》ったんだ。日本《にほん》から大《だい》リーグに行《い》った選手《せんしゅ》としては二人目《ふたりめ》なんだけれど、野茂《のも》さんがすばらしい結果《けっか》を出《だ》したことによって日本人選手《にほんじんせんしゅ》が注目《ちゅうもく》されるようになり、たくさんの選手《せんしゅ》がアメリカに行《い》くようになったから、その功績《こうせき》はとても大《おお》きいんだよ。野茂《のも》さんの特徴《とくちょう》は、大《おお》きくふりかぶって背中《せなか》を打者《だしゃ》に向《む》けてから球《たま》を投《な》げる「**トルネード投法《とうほう》**」。これでフォークボールを投《な》げてたくさんの三振《さんしん》を取《と》ったことで、「**ドクターK《ケー》**」とよばれていたんだね。日本人《にほんじん》メジャーリーガーとして、シーズン最多完封《さいたかんぷう》（３回《かい》）、ノーヒット・ノーラン（２回《かい》）、１試合最多奪三振《しあいさいただつさんしん》（17個《こ》）など、数々《かずかず》の記録《きろく》を持《も》っているよ。イチロー選手《せんしゅ》も、野茂《のも》さんのおかげで大《だい》リーグに行《い》けたといっているくらい、後輩《こうはい》たちに大《おお》きな影響《えいきょう》をあたえた選手《せんしゅ》なんだ。

野茂《のも》さんがアメリカに行《い》ったときは、日本人選手《にほんじんせんしゅ》がいなかったんでしょ。たったひとりで行《い》くなんて、勇気《ゆうき》があるよねー

お給料《きゅうりょう》だって、日本《にほん》にいたときよりはるかに下《さ》がったみたいだけど、それよりも自分《じぶん》の実力《じつりょく》で勝負《しょうぶ》してみたかったのね。かっこいい！

★イチロー

オリックス・ブルーウェーブ→大《だい》リーグ

(1973〜)

アメリカ人選手《じんせんしゅ》をぬいて記《き》録《ろく》をつくった選手《せんしゅ》。日々《ひび》の練習《れんしゅう》と地道《じみち》な努力《どりょく》を、休《やす》まず続《つづ》けた結果《けっか》だね。

日本人《にほんじん》の**野手《やしゅ》としてははじめてのメジャーリーガー**。はじめは、野《や》手《しゅ》がアメリカで通用《つうよう》するのかという声《こえ》もあったけれど、イチロー選《せん》手《しゅ》はそれを見事《みごと》にはねのけたんだ。走《そう》・攻《こう》・守《しゅ》のすべてで結果《けっか》を出《だ》すプレイヤーとして評価《ひょうか》されているよ。メジャーリーグでの通算《つうさん》780打点《だてん》は日本人《にほんじん》メジャーリーガーの歴代一位《れきだいいちい》。日米通算《にちべいつうさん》5863塁打《るいだ》(当時《とうじ》)で**王貞治《おうさだはる》**さんをぬいた日本記録《にほんきろく》と、**記録《きろく》**ずくめの選手《せんしゅ》だよね。

ホント、イチロー選手《せんしゅ》はすごいなー。ぼくもあんなにヒットを打《う》ってみたいよ!

イチロー選手《せんしゅ》はアメリカでも人気《にんき》よね。結果《けっか》にきびしいアメリカで認《みと》められるんだから、一流《いちりゅう》の選手《せんしゅ》ってことよね

★大谷翔平《おおたにしょうへい》

北海道日本《ほっかいどうにっぽん》ハムファイターズ→大《だい》リーグ

(1994〜)

投《な》げてよし、打《う》ってよしの選手《せんしゅ》。目標《もくひょう》を高《たか》くもって努《ど》力《りょく》するすがたには、学《まな》ぶことが多《おお》いよね。

平成生《へいせいう》まれの大谷選手《おおたにせんしゅ》は、ピッチャーとしてもバッターとしても活躍《かつやく》する「**二刀流《にとうりゅう》**」の選手《せんしゅ》だね。なんと高校生《こうこうせい》のときに、アマチュア野球《やきゅう》史上初《しじょうはつ》の最速《さいそく》160キロの球《たま》を投《な》げたんだよ。プロの選手《せんしゅ》でも160キロを投《な》げる選手《せんしゅ》はそうそういないよね。
2013年《ねん》に**北海道日本《ほっかいどうにっぽん》ハムファイターズ**に入団《にゅうだん》、2017年《ねん》に**ロサンゼルス・エンゼルス**と契約《けいやく》。二刀流《にとうりゅう》の選手《せんしゅ》として、期待《きたい》したいね。

大谷選手《おおたにせんしゅ》は高校生《こうこうせい》のときから、メジャーリーグに行《い》くことを目標《もくひょう》にしていたんだって

目標《もくひょう》を高《たか》く持《も》つとがんばれるし、がんばるから夢《ゆめ》を実現《じつげん》できるんだね!はげまされるなー

あとがき

「齋藤孝《さいとうたかし》の覚《おぼ》えておきたい日本人《にほんじん》」を読《よ》んでみて、どうだったかな？

生《う》まれたときからスゴイ人《ひと》なんていない。いや、むしろ、生《う》まれてきたこと自《じ》体《たい》はだれもがスゴくて、生《い》きていく中《なか》で、いろんな人《ひと》のためになるように努力《どりょく》することで、この本《ほん》の人《ひと》たちのように、とびきりスゴイ人《ひと》になるんじゃないかな。

社会《しゃかい》は、みんなが貢献《こうけん》しあって成《な》り立《た》っているんだ。ひとりひとりができること、得意《とくい》なことを発揮《はっき》しあっているんだよ。

たとえば、お米《こめ》や野菜《やさい》をつくる人《ひと》、外国《がいこく》から必要《ひつよう》なものを買《か》いつける人《ひと》、勉強《べんきょう》を教《おし》える人《ひと》、病気《びょうき》を治《なお》す人《ひと》、人々《ひとびと》を感動《かんどう》させる歌《うた》を歌《うた》い芝居《しばい》をする人《ひと》、ためになる本《ほん》を書《か》く人《ひと》、便利《べんり》な道具《どうぐ》を発明《はつめい》する人《ひと》、スポーツで人《ひと》を元気《げんき》にする人《ひと》……。

もし、ハンディキャップがあったら、それと向《む》きあって自分《じぶん》らしく生《い》きることで、周《まわ》りの人《ひと》を勇気《ゆうき》づけることができるよね。だから、どんな人《ひと》も貢献《こうけん》できる

「種《たね》」を持《も》っているんだ。

きみは、どんなことが得意《とくい》かな？　どんなことで貢献《こうけん》したいかな？　だれにだって必《かなら》ず「種《たね》」はあるよ。この本《ほん》をきっかけに、考《かんが》えてみてほしいんだ。

「日本《にほん》を知《し》ろう！」というこのシリーズは、すでに発売《はつばい》されている「日本《にほん》の行《ぎょう》事《じ》」のほかに、このあと「日本《にほん》の言葉《ことば》」と続《つづ》いていくよ。ぜひ楽《たの》しみにしていてね！

著者 齋藤 孝 (さいとう たかし)

1960年静岡県生まれ。東京大学法学部卒業。東京大学大学院教育学研究科博士課程を経て、現在、明治大学文学部教授。専門は教育学、コミュニケーション論。ＮＨＫ Ｅテレ「にほんごであそぼ」総合指導。

主な著書、監修作に『声に出して読みたい日本語』（草思社）『記憶力を鍛える齋藤孝式「呼吸法」』（秀和システム）『こども 日本の歴史』（祥伝社）のほか、ＮＨＫ Ｅテレ「にほんごであそぼ」シリーズ『雨ニモマケズ 名文をおぼえよう』『おっと合点承知之助 ことばをつかってみよう』『でんでらりゅうば 歌って日本をかんじよう』『ややこしや 伝統芸能にふれてみよう』（以上、金の星社）など多数。

＊この本に記載しているデータは2018年7月現在のものです。

＊年齢は、江戸期以前の人物は数え年、明治期以降の人物は満年齢で表記しています。

齋藤孝の覚えておきたい 日本人

初版発行／ 2018年9月

著　齋藤　孝
絵　深蔵

発行所　株式会社金の星社
　　　　〒111-0056　東京都台東区小島1-4-3
　　　　TEL　03-3861-1861 (代表)　FAX　03-3861-1507
　　　　振替　00100-0-64678
　　　　ホームページ　http://www.kinnohoshi.co.jp

印刷・製本　図書印刷株式会社

80ページ　21cm　NDC281　ISBN978-4-323-05882-5

乱丁落丁本は、ご面倒ですが小社販売部宛にご送付ください。
送料小社負担でお取り替えいたします。

© Takashi Saito & Fukazo 2018,
Published by KIN-NO-HOSHI SHA, Tokyo Japan

●編集協力
　佐藤 恵

●デザイン・DTP・編集補助
　ニシ工芸株式会社（小林友利香・渋沢瑶）

JCOPY 出版者著作権管理機構 委託出版物
本書の無断複写は著作権法上での例外を除き禁じられています。複写される場合は、そのつど事前に
出版者著作権管理機構（電話 03-3513-6969、FAX 03-3513-6979、e-mail: info@jcopy.or.jp）の許諾を得てください。
※本書を代行業者等の第三者に依頼してスキャンやデジタル化することは、たとえ個人や家庭内での利用でも著作権法違反です。